獻給摯愛甘苦扶持的牽手——廖美容女士

序言

筆者從事教育工作近四十年來，不論為人處事或創校治校，始終秉持「盡心則無愧，盡力則無悔」的信念，所以心胸常感磊落，困境終能突破，迎刃而解。

全國首創的高雄餐旅管理專科學校，開校迄今（一九九五至二〇〇〇年）雖僅五年有餘，但以「實務導向」為辦學的基調與主軸，變成學校的一大特色而大放異彩，並且名聞海內外。

憶及創校籌劃之初，在研訂學校特色與發展方向時，亟思突破台灣教育現狀，而研擬出很多新穎學制，諸如：一年春秋兩季單獨招生、三明治教學法、學生人手一台筆記型電腦、勞作教育及海外參訪等措施。唯當初囿於「依法無據，欠缺相關規定及沒有前例」等理由限制，導致遲遲無法定案。基於「辦出有特色的學校」的理念，本人及相關籌備人員渾身解數，使出最大的耐性去協調與溝通，幸賴教育部大力支持，終以「試辦」方式展開籌備工作。其間承蒙社會各界鼎力支持協助，全體師生本著「共築一個夢」的心情，在美好願景的引領下通力合作，如今終於開花結果。今年（二〇〇〇年）八月一日又正式升格爲餐旅學院，開啓另一個發展的里程碑。如今回首往事，一路走來雖是崎嶇巔簸，當年爲著塑造、提升餐旅專業的遠景之下，激發我們的熱誠與堅持，終能突破困境而開創新局。

在個人有限的歲月裡，面對浩瀚無垠的學術領域，唯有竭盡所能，把握時間「勤耕深讀」，吸取別人經驗與智慧，以增進自己的才識。職是之故，儘管校務再怎麼繁忙，每日仍抽空閱讀，並將思考、觀察所得加以記錄，時而撰寫成稿，投寄報章刊登，至今又累積近百篇，依以往之體例分爲教育、社會、政治及鄉土等四個單元，編輯成冊，並名之曰「耕讀集」。

個人自忖天賦魯鈍，但在「勤耕深讀」之餘，亦深刻體悟到「投入才能深入」、「付出才能傑出」、「磨練才能熟練」、「思考才能創新」、「改革才能進步」、「關懷才能開懷」等生活哲理。尤其一生本著「爲者常成，行者常至」的實踐精神，耕之耘之，至今亦略有成果，頗感欣慰之至。

愛妻過世，倏忽年半。結褵卅八年所建立的濃郁感情無日稍忘，或因懷念至極，時入夢中，懷念之情彌日篤厚。憶起筆者往昔在夜深人靜撰文之餘，愛妻常至書房噓暖問寒，如今天人永隔，故常在寫作之中，熱淚盈眶，久久不能自已。此書乃其辭世後，第一本著作，是故，特在首頁書寫「獻給摯愛甘苦扶持的牽手——廖美容女士」，藉申思念之忱，並慰其在天之靈。

俗云：「文章乃經國之大業，不朽之盛事」，故筆者在爲文下筆之際，唯恐內容誤導或意見偏頗，常斟酌再三，反覆推敲。另外爲愼重其事，及文章流暢圓順，常商請同事董峰政、楊勝春兩位老師，隨時予以斧正潤色，無形中筆者作文之筆觸也進步不少，斯意斯情，由衷至感。

最後本書得以順利完稿出版，特別感謝宋秀珠及謝金燕兩位小姐長期協助謄稿工作，另外本校副校長容繼業及研發長李銘輝洽商安排出版事宜，在此亦一併申謝。

李福登 謹識

八十九年八月一日

目錄

社會篇

政治篇

鄉土篇

教育篇

教改不嫌快，只怕無配套

根據報載，日前天下雜誌公布一份針對教師所進行的問卷調查結果，其中顯示有高達五成二的受訪教師認爲教改步伐太快。對此，教育部長林清江先生表示，政府推動各項教改措施，皆以三年時間從事規劃、準備，進度並沒有不合理之處，更何況社會上也出現步調過緩的聲音；緊接著他呼籲基層教師切莫作爲教改的旁觀者，而應主動扮演教改理念的了解者、宣揚者與評鑑者云云。

看了這則報導，不免心有所感，再經一番思索，筆者以爲推動教改時，所謂的步伐快慢，此乃見仁見智的問題，終究難有確切的定論；不過，這當中，卻有一攸關教改成效大小乃至成敗的關鍵因素，那就是有無周密的配套措施。畢竟，各種改革皆是針對現況的缺失，謀求改善及解決之道；因此，政策基調一變，則有賴其他舉措的採行或調整，與之相互搭配，始足以因應變革。教育方面的改革自不例外；但以往的教改並未全然與此原則相吻合，以致成效大打折扣。譬如：當年九所師專改制，一夕之間搖身一變而爲師院，自此學校的招牌換了，正式進入「大學」之列；然與昨日的師專並無實質上的不同。又如：專科學校改制技術學院，已然成爲大勢所趨；可是，公立學校部分受到五年內員額、預算不得增加的束縛，實在難以「脫胎換骨」。此外，像是立意甚佳的國教小班制，假使未能培育足夠而且優秀的師資，那麼根本就無法落實。

當然，周密的配套措施並非一蹴可及，在此情況下，教改宜由「點」的嘗試開始，而後及於「線」，從中逐步累積經驗，逐步充實各相應措施的內涵。如是，等配套措施臻於周密完善之際，不也正是教改全面推動的最佳時機？就此而言，處於現今變遷快速社會中的教改，倘有完善配套，進度快又何妨？

（本文刊載於八十七年十一月二十七日《中央日報》）

突破學校資源社區化瓶頸

學校本來應是「作育英才」的單純場所，但隨著人口的成長與社區快速發展，造成了居民對各種空間的迫切需求，而政府對於這些需求，限於人力物力而緩不濟急，於是鼓勵學校資源社區化，實施以來，產生了不少後遺症。

學校運動場及校園是學校資源中被社區使用頻率最高的場所，球場是青少年的最愛，操場是社區壘球隊、早覺會、慢跑族及各種健康團體的活動空間，尤其花木扶疏的整潔校園更是全家散步遊憩的好地方。但由於居民的素質良莠不齊，不知愛惜公物而隨意破壞，如逢節慶假日過後，整個校區滿地垃圾、口香糖，慘不忍睹，人工跑道也被各種沖天炮灼得千瘡百孔，這些損失使得學校須付出大批經費來補修。更令人擔心的是，萬一居民在校園發生安全、意外等問題時，必會牽涉到責任歸屬的問題，基於校園單純化，致使許多學校對社區開放裹足不前，敬而遠之。無形中對政府費心設計的美好措施大打折扣。其實學校的資源非常豐富，不僅止於運動場及校園，硬體方面如圖書館、禮堂及各種專業教室等；軟體方面，教師專長的多元化，可利用課餘開設很多適合社區需要的課程給居民進修，提升社區文化水準及生活品質，但卻因彼此間缺乏一套良性互動的制度，以致校園、社區無法密切結合，殊屬可惜。

解決之道，政府宜有完整「學校資源社區化」具體可行的配套措施，如學校維修經費的補助、意外責任承擔的問題、獎勵表揚績優學校等，作爲雙方遵循模式。唯有如此，才能使總縮校務的校長拋開「多一事不如少一事」的消極觀念，從而願意熱誠接納社區居民，而居民也樂於認同學校，彼此融和爲「生命共同體」，創造雙贏的局面，以落實政府的良德美意。

（本文刊載於八十八年一月二十七日《民生報》）

建立飲食文化

中華美食舉世聞名，因此，要說地球上只要有人住的地方就有中國菜館，一點也不爲過。然而，美中不足的是，以中國菜如此源遠流長的精髓，缺乏一套完整而有豐富內涵的飲食文化來加以烘托，實在殊爲可惜！

由於地大物博、人口眾多之故，中國菜依據不同地區的自然、地理、人文、氣候、特產及資源等條件，形成了大家公認的八大菜系，而各菜系的風味特性及精華也都各領風騷。對此，名廚吳正格師傅更用擬人化的比喻，將它作如下生動的描繪：「江、浙菜好比清秀素麗的江南美女；魯、皖菜猶如古拙樸實的北方健漢；粵、閩菜宛如風流典雅的公子；川、湘菜就像內涵充實、滿身才藝的名士。」此等形容非常貼切地凸顯出各菜系的特色。只不過隨著年代的演變及因應顧客的口味需求，事實上這些菜系間的區別不免日趨模糊，從而變成「你中有我，我中有你」，彼此大同小異的「中華料理」了。尤其是近來飲食圈在本土化興起的影響下，台灣遍布大街小巷的蚵仔煎、炒米粉、貢丸湯、苦瓜盅及魷魚螺肉蒜等膾炙人口的美食，儼然成爲第九菜系，也就不足爲奇了。

所謂「民以食爲天」，素來即爲國人所強調。是故，過去本即注重烹調，講究色、香、味、形等兼顧的美味佳餚，隨著社會大眾健康觀念的改變，更不能不有所提升。質言之，如何利用現代化科學技術，把它轉化溶入傳統廚藝的八大菜系之中，以充分彰顯承古創新的成果。如此，不但可以讓國人吃的安全衛生、吃出健康，而且得以從中形塑一套豐碩的中華飲食文化，俾達到「清純鮮美」的飲食最高境界，進而使中國菜於世界餐廚界大放異彩。

（本文刊載於八十八年三月十七日《自立晚報》）

談教授治學與教授治校

最近台大因醞釀設置「教師倫理委員會」，用以規範教師行為一事，引發贊成、反對兩極化的爭論。持反對意見者，認為此舉將淪為校方打壓異己的工具，從而為校園帶來白色恐怖；持肯定態度者，則認為如此足以矯正時下自由學風備受濫用的弊病，表達樂觀其成的看法。筆者基於為人師表者，負有傳道、授業、解惑之責，又鑑於處此功利社會，師道日漸淪喪，校園尊師倫理敗壞殆盡，為免師生關係更趨疏離而力表贊成。

回顧數年前，中研院李遠哲院長將西方運作頗見成效的「教授治校」制度加以引介，不想在國內如同「橘逾淮而為枳」一般的產生質變，或許由於文化背景的差異及教授認知的不同導致缺點畢露，教授置治學於不顧，轉而熱衷治校的不在少數。演繹的結果，校長亦需經由遴選的程序產生，致使社會惡質的選風隨之吹入校園，舉凡發表政見、請客、拉票、送禮、攻訐、散發黑函、拉幫結派……之類的事件層出不窮，搞得校園烏煙瘴氣，派系對立，學閥於焉形成。又如部分教授一方面以影響學術研究時間爲名推辭擔任導師；另一方面卻又在校外大肆兼課兼差賺取外快，諸如此類言行不一表現的教授不在少數，若謂教育乃良心志業，眞不知所爲何事？

所謂「校園民主」，並不代表校園的失序或無序，更不意謂不需講求校園倫理。看來，處在學術自由氾濫的今天，唯有讓教授回歸學術，重拾嚴謹治學的天職，將治校之類的事務交由兼任行政職務的同僚代行，徹底將治學與治校的分際區隔開來，始足以令校園民主步上軌道，還給黌宮一個清新純靜的學習環境。

（本文刊載於八十八年四月八日《民眾日報》）

目睹教育改革下的怪現狀

近些年來，在社會大眾熱切的期待下，朝野及民間教改團體紛紛推出各種版本的教改方案，吾人倘就當前業已付諸施行的多項教改措施逐一檢視，自不難發現若干「反其道而行」的怪現象存乎其間。在此，特列舉其中幾項問題較為顯著者，藉供所有關心教育事業的各方人士共同探討。

一、專科改制有若僅更換招牌而已

教育部為開闢技職學生的升學管道，大力促成績優的專科學校改制為技術學院，多所專科學校爲顯示本身的條件優異，紛紛跟進，搶搭「升格」的列車，卻忽略了改制以後能多給學生什麼。除此之外，更令人不可思議的是，公立專科學校升格的先決條件是——「五年內不得要求增加員額及經費」，那麼，這與僅僅換個招牌何異？難怪有人調侃說：「昨天專科，今天學院，一切都沒變。」在這種現實環境的嚴酷束縛下，「又要馬兒好，又要馬兒不吃草」的矛盾顯露無遺。

二、升學管道多元化，學生壓力不減反增

受到「反聯考」、「反明星學校」聲勢的推波助瀾，教育當局推出了多元化的升學管道，諸如：推荐甄選、申請入學及基本學力測驗等，原本是爲揚棄以往「一試定終身」畸形辦法，用以舒解考生的壓力；不想，這樣一來，學生必須同時應付多重的入學方式，仍脫離不了各種不同形式的考試，實際演變成「天天有壓力」，眞是那些關愛學子的有心人士始料所未及，對眾多考生而言，不啻「愛之適足以害之」。

三、教授治校浮現諸多弊端

由於「教授治校」的制度大行其道，馴至部分教授置學術研究的天職於不顧，轉而熱衷於校務的參與甚或干預，形成「治校」比「治學」來得更有興趣的反常現象。此舉演繹延伸的結果，從系主任、院長及至於校長皆由普選產生，以致社會上惡質的選舉文化隨之滲入校園，諸如送禮、請客、黑函攻訐、成群結黨等，一樣不少。事實上，眞正的人才大都出自敦請，此所以當年劉備三顧茅廬敦請孔明輔政一事傳頌至今。主持一所大學的校長，憑藉的是獨特的治校理念及高尚的品德操守，若需經由讓人「品頭論足」甚或「論斤稱兩」的過程才能當選，爾後爲求蟬連更須處處討好選民（講師以上），以及隨時要應付因選舉而造成的「反對派」，在這種既要討好又要遷就的尷尬情景下，要能實現治校理念已是難乎其難，更不用說能夠營造有特色的學術文化！「教授治校」這個玩意在西方運作自如，怎知飄洋過海後竟變了樣，眞應驗「橘逾淮則爲枳」的實證陳述。

四、中小學教評會對校務運作多所掣肘

在「校園民主開步走」的呼聲高唱入雲之際，中小學校的教評會如雨後春筍般的紛紛成立。衡諸教評會成立後的種種作爲，大都頓失理想性，甚至背離成立的宗旨，除了架空校長使其「有責無權」而教評會「有權無責」之外，教評會的職責還包括教師的甄選、任免、調動事宜等，由於成員良莠不齊，以致造成評審不公、人選內定、性別歧視、專業素養不足等相關弊端一一顯現。揆諸立法之本意在於期望透過教評會的運作，提升教師自主地位，從而發揮敬業專業的精神從事教育工作，間接地使學生受益，如今看來，已然引發了嚴重的質變。

當初，教育改革在「鬆綁」大旗的揮動下，將重點置於對學校減少管制及讓學生減輕壓力，提出針砭之道，奈何卻見反效果，不但學校自主空間未見擴增，而且學生承受的壓力也愈來愈大。此時此刻，吾人不妨來看看美國的情形又是如何：作爲超級強國元首的柯林頓，雖因緋聞而貽笑國際，但以「教育總統」自居的他，以嚴厲而具體的獎懲

措施推動教改，要求各級學校配合執行，並施以客觀公正的評鑑，不出幾年，已見「立竿見影」之績效而贏得全民的稱讚，此乃他在風雨飄搖的醜聞案中得能屹立不倒的主要原因。

其實教育要辦得好，必須要將優良的師資、實用的課程、先進的設備、美德的薰陶及清淨的環境等列爲首要項目。環顧當下的教改，並未能眞正抓住重點觸及問題的核心，只單單從事一些枝枝節節的調整，類此「捨本而逐末」的作法，不禁令人爲莘莘學子之無辜遭遇憐惜不已！

（本文刊載於八十八年四月十日《民眾日報》）

實用乃教育形勢之所趨

鑑於以往學生在校受教的內容，畢業後踏入社會後，在工作職場上無法全盤用上，而形成「學校學的是一套，社會實際用的是另一套」。究其原因，乃學校教育忽略了社會之實際需求，以致造成「學不致用」的現象，不但使青年學子虛度寶貴的青春，不啻是教育資源的極大浪費及教育價值的大打折扣。

針對上述缺失，高雄餐旅專校一開校即以「實用至上」爲辦學理念，並首創「三明治教學法」，爲配合此一獨特的教學法設計，採取一年春秋兩季招生，以便一學期在校上課，另一學期在校外實習，俾借重業界豐沛的臨場實際操作的完善設備，達到「學中作，作中學」的目標。由於理論與實際能夠互為印證，實施以來得到具體驗證，確實收到相輔相成的效果。

聯考之受人詬病，其中一點就在於「學校無法選學生，學生不能選學校」，餐旅專校為招收到對餐旅工作眞正有興趣的學生，特別舉行春秋兩季單獨招生，如此一來，締造了開校以來連續七屆，全校所有的學生皆以「第一志願」進入學校的全國紀錄。證諸「學習的最大動機來自興趣」，學生個個莫不喜形於色，充滿自信而力求上進。

為達到以實務為主軸的教學設計，入學考試方式就舉行與一般招考大不一樣的考試內容，除專業科目筆試外，舉行英日語聽力測驗、電腦測試及實地操作的刀工、服務技術演練及儀態表演等。在教學上更延攬了具有豐富實務經驗的師資，開設了實用的課程及充實了現代化的設備等。為貫徹實務教學，學生在處處充滿實用的教學情景下，難怪畢業後一到職場上班，就能駕輕就熟，適任勝任地工作，而頗受業界之肯定及重用。

旅館、餐飲、旅運及航空等服務業為將來職場之主流，亦將成為國際化的行業，因此特別注重語文能力、電腦技術、專業訓練及工作態度等全方位的嚴謹要求。為培養學生世界觀，首須拓寬學生國際視野，舉辦過四屆的海外參訪實習，學生利用近把個月的時間，把平時所思所學，身歷其境地探討印證國內外的現實環境，除了對自己更具信心外，變得穩健而成熟。

教育的目的在培養社會所需的人才，而各行各業所要求於求職者，不外乎嫻熟的實務技能及良好的工作態度，期爲業界帶來可預期的生產力及績效。處此「高學歷高失業率」的大環境下，唯有身懷一技之長的人最吃香，非但不虞失業，還可展現一枝獨秀之特性。

（本文刊載於八十八年四月十二日《中國時報》）

用眞情「認識台灣」

以往在學校受教的學生，在升學主義的引導下，可以滾瓜爛熟的背誦海峽彼岸的「津浦」及「平漢」鐵路的起迄點，又可如數家珍的指出長江、黃河流域的發源地與流經的省份。但對於生於斯、長於斯賴以安身立命的鄉土，卻不熟悉台灣西部縱貫鐵路、公路的站名，遑論台江內海及淡水河的風貌及其歷史沿革，這種陌生與無知造成了台灣的學子對鄉土的疏離，一心只想「來來來，來台大；去去去，去美國」。中美斷交、總統民選時中共飛彈演習，一些人的心態竟是選擇移民「走爲上策」的方式，離開台灣。

隨著本土化的潮流及有識之士的不斷呼籲，教育部終於在八十六學年度明訂於國民中學開設「認識台灣」的課程，使青年學子得以接受國民教育的同時，熟稔台灣的人文、地理、風俗，藉以了解自己的鄉土。爲因應此一如春雷乍起般的關愛鄉土風潮，各種認識鄉土與學習台語文等活動，如雨後春筍地風起雲湧，蔚爲時尚；質言之，研究鄉土或發揚本土文化沛然成爲顯學。吾人深信，認識鄉土才能付出，有了付出才能培養感情，有了感情才能建立共識，有共識才能使全體子民共同打拚耕耘這塊土地。

俗云：「台灣眞正好，是個美麗島。」四百年來先民的篳路藍縷，大家共同的奮鬥，已締造了有史以來經濟發展與政治的民主，成了「鯤島」的家園。無怪乎，近日報載民調結果，九成二的人認爲台灣不是中國的一省，更有八成的人表示，若中共武力犯台，不惜奮戰保衛家鄉，充分顯示台灣人民對這塊土地的熱愛。民氣可用，盼望朝野珍惜此一覺醒煥發的契機。發掘更深沈的文化活力，累積更多潛在的能量，用眞情摯愛「認識台灣」，擁抱這塊豐美土地，建立廝守一生不可割捨的濃郁情感。

（本文刊載於八十八年五月十一日《自立晚報》）

教改的輕重緩急

在各方熱切期待下，研議四年半的「九年一貫課程綱要」終於拍板定案，其特色爲本科與分科教育的統整，並充分發揮了教育實用化與生活化的功能。繼之，民間教改團體訴求的「教育基本法」也獲立法院通過，該法揭示教育部權力下放、獎勵私人興學及國中小教科書全面開放由民間編輯等。此兩項攸關教育發展的重大舉措，皆自九十學年度開始實施，可謂近年朝野教改的重大成果，莫不令人寄予厚望。

語云：「徒法不足以自行」，若無周詳的配套措施，勢必事倍功半，蓋教育的成敗關鍵在於師資素質的良窳。九年一貫課程的一再受阻，在於現任多數教師的排斥，推溯其因乃既得利益及觀念保守作祟。職是之故，爲因應全面教改的來臨，呼籲政府重視師資的培育、進修與改造。無可諱言，各級學校校園中仍存在不少不適任教師，或因政治後台強硬，復因縣市政府財務拮据未能適時辦理退休等因素，使得師資陣容遲遲未能新陳代謝，嚴重影響學生受教權及教改的推動。

教改的目的在於因應時代的快速變化，而提出符合潮流需求的教育內容，而這內涵不外乎師資、課程、設備及教材教法等，但要把握教育的主軸、方向與精神，首須從師資陣容的整合，建立共識熱誠參與，才能眞正啓動教改機制。

（本文刊載於八十八年六月二十一日《自立晚報》）

校務基金功能亟待落實

教育部為促進國立大專院校財務有效運作，提高營運績效，自八十八年七月起，所有國立專科以上學校共計四十八所，全面實行校務基金制度。高雄餐旅專校兩年前被指定為實施學校，施行結果，深覺財務運作模式由原來公務預算（單位預算）國庫統收統支體制轉變為校務基金（附屬單位預算），由各校自行規劃統籌控制，此一制度立意頗佳，但執行上缺少自主多元化的彈性空間，及面臨要求自籌經費比率逐年提高而政府預算補助相對減少的壓力，委實值得提出探討改進。

依據「校務基金設置條例」之規定，基金之主要來源為學雜費、推廣教育、建教合作、場地設備出租及募捐等收入，而動支經費涵蓋範圍包括學校人事、會計、總務及教學研究等，停車場及游泳池等對外開放，甚至牽涉到納稅問題。尤其現今法令規定，學校動用累積基金時，屬經常門者要申報教育部核准，至於建築房屋、公務車購置及國外參訪旅費等皆須呈報行政院核准，不但缺乏學校自主之彈性，手續繁雜又曠日費時，嚴重影響行政推動時效及成果。

至於學校自籌比率，雖以達到總收入百分之二十五爲目標，其中募捐爲將來基金之重要來源，但政府並沒整套配合措施，欠缺鼓舞之誘因。如學校自籌比率高於目標應予鼓勵而非相對減少政府的分配補助；又如熱心捐款者抵稅、免稅及表揚等具體辦法皆付闕如，導致國人願意大批資金捐獻宗教團體祈求保佑，而吝於奉獻百年大計的教育事業。

職是之故，若相關法令制度無法鬆綁加以密切配合，賦予學校更大自主揮灑空間，致使校務基金運作無法順暢，實難以發揮預期整體之成效。

（本文刊載於八十八年六月二十八日《中央日報》）

台灣首所私大的變革圖強

東海大學創校時，以發揚基督博愛精神，並以人文精神爲主軸作爲辦學理念。民國四十四年招生時，吸引了將近七千名考生，在錄取的二百二十名新生當中，泰半放棄其他大學就讀東海，因其背後有美國聯董會充裕經濟支持的良好條件。在名師匯聚、學生優秀及設備先進等優越情形下，奠定了東海在國內外崇隆的學術聲譽。

隨著時空的丕變，公私立大學林立，東海在面對生存發展的現實考量下，大量招生以挹注財源，喪失了小班小校精緻大學的理想色彩。教育部幾次公布的評鑑資料，東海已不具優勢甚至有落後的現象。可預見約三、五年後，高等教育面對生源不足，外國又紛紛來台招生，大陸學歷採證又將實現，他校力爭上游之下，各校搶食有限考生大餅，私校經營將陷入雪上加霜的困境。面對劇烈競爭，東海如何變革圖強，筆者認爲應從三方面著手：

一、創造學校特色，重整人文精神

台灣所有公私立大學殊少有特殊風格者，普遍受功利思潮所影響，莫不朝向綜合大學無量擴張發展。衡諸他校所未有者，東海現有幼稚園、小學、初中，可申設高中、大學及研究所等。從幼稚園到博士班，若能成立綜合學園，並以人文精神爲主軸，形成一條鞭式的貫穿脈連，不但可成爲台灣第一所學園，各種資源可互爲支援，發揮多元效益，創校精神也得以發揮。日本東京的玉川學園就是一個經營非常成功的例子。

二、善用土地資源，健全學校財務

要把學校辦成一流，絕對要有充裕的經費，東海得天獨厚，擁有他校未及的廣大黃金地段，但卻未善自利用，而單靠學雜費及小額捐款，僅可維持收支平衡，維持生存還可以，談不上大幅發展。擁有珍貴土地而不用卻到處募捐又未收宏效，套句俗話是「抱著金碗到處要飯吃」。如何充分開發校地，圖謀宏大經濟效益爲校所用，可從幾個方向來思考：

㈠利用B.O.T方式招商合作開發：以東海地處寬大的中港路，又在交流道旁邊，占盡地利，若能興建大型商場（MALL）或大飯店等，不但可確保土地產權，增加收入，又可提供學校開設系所學生之實習、就業機會。

㈡校辦企業委託經營：據聞東海申設餐旅管理系，筆者淺見以開辦旅館管理系爲宜，不但可涵蓋餐飲課程，學生出路也較寬廣。例如世界著名的假日連鎖飯店（Holiday INN），只要提供適當地段，它可代蓋飯店並負責經營，盈餘拆帳朋分，十五年後歸還土地。此一構想可使飯店結合校園資源，如教堂、運動場及游泳池等，因交通方便、旅遊風氣大開及大學校園之學術氣息，必可引人入勝。

㈢出售邊界未用土地成立龐大基金：東海擁有一五七公頃土地，為其他私校所不及，依發展趨勢實際上也不需要這麼多閒置棄之不用的校地。若能出售部分靠邊未能用到或部分與人共有之土地，或處理城區部房屋及孫邦華大使所捐房屋等，將所得成立龐大基金或轉投資，利用孳息全面改善財務結構，在充裕的經費下，聘請大師及充實先進設備，從而提高教學品質，嘉惠學子。

三、董事會功能性有待加強

私校之良窳，董事會扮演最關鍵之角色，但東海董事會之組織異於他校，素由各方人士組成的合議制，不易建立共識與中心思想。試觀長庚、淡江、元智及高醫大等後來居上的私大董事會，決策明快而有整套經營策略，才能使學校有所遵從。如今東海面臨財務拮据，又無大企業奧援，如何解決財務問題、如何考量促使系所重整，及農牧場牛奶加工廠存廢等問題，尤其是辦學理念的重新定位，在在亟需董事會發揮功能儘速解決。

早期東海的人文精神，孕育了校友對母校的濃郁情感，每當校友聚會，談及母校種種每下愈況時，莫不寄予殷切關懷與期望。東海若期重振崇隆聲譽，有賴各方面力量的結合。職是之故，建請董事會近期邀集學校、校友及熱心教育專家等召開一次檢討會議，試圖尋出一條變革圖強之道。

（本文刊載於八十八年七月二十日《民眾日報》）

德國雙軌制職業教育之利弊分析

德國職業教育之成效爲舉世所公認，尤其是沿自數百年所形成的雙軌制學徒式職業養成教育，由於其獨特性及實用性而吸引許多國家競爲倣效。在中德職訓交流協定下，由職訓局邀集產、官、學代表十五人，由楊副局長松德率領，赴德國作爲期半個月之參訪考察而頗有心得，爰將雙軌制之利弊得失及值得借鏡處，提出探討分析如下：

一、優點方面

㈠德國技術大學之定位清楚，以研究高級技術發展及培訓技職教師爲職志，使得職業教育一脈相承，具備整套發展策略，大幅提升產業技術，奠定職業教育堅實基礎，厚植社會安定力量。

(二)企業界提供充裕資金委由科技大學研發，相對的，大學將研究成果回饋企業，促成研究經費越寬裕，成果愈豐盛的善性循環，明顯地提升科技水準及一流產品之品質。

(三)在政府訂定的規範下，企業自辦學徒訓練，以培育本身企業所需用之人才爲導向，因此企業莫不傾囊相授，提供最好的師資及設備以吸引學生，而二至三年養成教育結束後留用的學徒，不但認同該企業的制度與文化，更因環境之良好適應而有工作效率。

(四)企業在訓練過程中，不但充分提供「學中作，作中學」的技術操作機會，並隨時予以心理輔導及諮詢服務，更授予文學、語文、環保及人文素養之課程，使學徒得以兼顧人格之健全發展。

(五)規模較小之中小產業，限於人力物力無法自行培訓者，可委由私營訓練機構代訓，如著名的「德克拉」（Dekra）訓練中心，就有一百二十所分支訓練機構遍布全國，每年招訓約四萬名學徒，對業界人力之挹注助益不淺。

(六)政府與企業分工清楚，政府負責學校之職業教育，提供學生回校充實理論基礎，而企業界提供尖端設備及實地操作訓練，在理論與實務相輔相成下，大都能培育具有實用專精之人才。

(七)企業界舉辦學徒訓練，必須通過由政府、產業總公會及學校等三方面組成的委員會之審查才能正式開班授徒，訓練結束時之資格認定也由委員會評鑑，以示公平客觀。因此企業申請培訓必須具備合格教師、實用課程及先進設備等諸條件才能符合，其訓練環境之安全及整潔之維護，令人留下深刻的印象。

(八)學徒二至三年期滿，由委員會評定通過者，發給證書、取得技術士證照及高中相等學歷文憑。學徒持證容易就業，也可自行開業或繼續深造進修，可謂「進可攻，退可守」，很有彈性的技術授予制度。

(九)一對一的學徒式訓練及小班教學，容易建立師徒情感及技術傳授，發揮事半功倍的學習效果。

二、缺點方面

㈠政府深怕企業界僅付學徒約三分之一正式員工的薪水，而必須參與部分實際工作，爲免業界剝削學徒的廉價勞工，加諸許多限制而使業界意願減低。尤以適值經濟不景氣，政府之支助日漸減少，導致願意繼續辦理學徒訓練者，僅剩百分之六十八。

㈡由於生活水準的普遍提高，價值觀念改變，越來越多的年輕人嚮往服務業而不願以「黑手行業」爲就職目標。雖有部分學生由普通中學轉入職業學校，但更多的學生捨棄職業教育而就讀「文理科中學」，預備投考大學。

㈢雙軌制百年來自然形成的師徒式教學模式，缺乏系統之理論基礎，沿襲迄今已不符快速時空的變化。如學生授業時間的分配，約三分之一在學校，三分之二在業界，缺少連貫性，影響學習效果。因此，雙軌制必須因應時代潮流，結合更多方面的合作變革圖存。

三、值得借鏡者

㈠以柏林技術大學爲例，探討台灣科技大學與普通大學的定位模糊不清，區隔不明，前者應以研發科技及培育技職教師爲鵠的，以發揮科技大學之特色及功能。

㈡政府應鼓勵企業界提供科技大學研究創造的費用，研發成果回饋企業界，建立共生共榮的結構關係，全面提升技術水準。

㈢專精實用的人才爲產業界不二的要求，因此，實務經驗的師資、實用的課程及先進的設備等必須齊備，才能畢其功於一役。

㈣整套技職教育的政策亟待釐定，由高職、專科、技術學院至科技大學的技職體系，在培育各級人才之定階，課程的銜接及教學設備資源之重疊，在在需要作一檢討重整，使得技職教育能一脈相承，連貫一致，培育業界眞正需求的人才。

德國雖是二次大戰的戰敗國，因其「勤奮守法、一絲不苟及講求效率」的民族特性，不出數年，一躍而爲世界經濟大國，尤以東西德統一以來，全國一心一德，追求繁榮安定。考察期間舉目所視到處正在大力建設中，一片蓬勃朝氣現象。德國科技獨領全球，產品稱譽世界，何來如此之推動力，推溯其因，實用爲尙之職業教育的成就功不可沒，「他山之石，可以攻玉」，德國的經驗，值得我們學習借鏡。

（本文刊載於八十八年八月六日《民眾日報》）

重整技職教育的定位

自從教育部把技職教育叫成「第二國道」，俾與普通教育作爲區隔，從此技職教育與普通教育分流，變成我國教育體制上的兩大主軸。技職教育的功能，在培育目標上開宗明義的說：「培育具有實用專業技能的人才。」

隨著社會結構的變化，本以就業爲導向的技職教育發生了「質變」，高職生絕大多數要升學，專科生要插大，而專科學校紛以改制技術學院爲辦學目標，已升格爲技術學院的則又朝向科技大學邁進。在學生「一窩蜂」要升學，各級學校拚命往上爬，無形中忽略了技職教育的天職。爲發揮技職教育的功能，筆者認爲宜正視以下幾項做法：

一、定位要清楚

常有人質疑護理學院與一般大學的護理系沒有什麼差別。衡諸科技大學教授研究方向大都與普通大學沒兩樣。正本清源，科技大學應以研究改良實用技術為目標，才能彰顯技職教育之特殊定位。

二、課程要實用

為打通技職教育學生的升學管道，進路已寬廣，但技職教育畢竟以就業為取向，不能遷就學生的升學要求而改授科目，而課程的設計除了要實用並要注意銜接性、統整性及適切性，以激發學生的學習興趣。

三、師資要實務

很多專科學校為改制而聘用剛畢業的博士，缺乏實務經驗，授課時僅能空談理論，宜鼓勵教師深入業界獲取實務經驗。

四、建教要合作

學校給予學生理論基礎，業界給予實際操作演練機會，兩者發揮互補作用，理論實務相輔相成，學校教育與業界需求同步。

五、證照要落實

職場採用證照勢所必趨，技職學生出路之競爭力，在於擁有象徵實力的證照，是故證照應推廣落實，提升技職教育的價值。

由高職、專科、技術學院至科技大學成爲一完整的技職體系，若能由科技大學帶頭，加強「由業界提供資金研究，成果回饋業界」式的建教合作及培育技教師資，連貫各級職校的實用課程，由上而下，脈絡相承，自可將技職教育的功能發揮得淋漓盡致。

（本文刊載於八十八年八月二十八日《中央日報》）

高等教育的迷思與隱憂

大專院校陸續開學，卻紛紛傳出某些私立大專的冷門系所大量缺額的情形。有人歸咎於經濟不景氣學費調漲，也有人分析大專錄取率提高，不合志願的學系寧可重考，導致空前未曾有過的大量缺額。姑勿論其原因為何，對高等教育而言，是個不可忽視的警訊。

根據教育部的統計資料指出，到八十八學年度國中畢業生只剩下約三十五萬，八十九學年度只剩約三十二萬，九十學年度只剩下約三十萬人，而屆時大專能容納的學生數卻擴增至四十五萬人，相差十五萬人。這一累年遞減的學生數，由今年私立高中（職）

招生普遍發生嚴重不足可以得到證明。

更嚴重的是，剩下的三十萬人是否能全部留在台灣就學呢？不盡然！試看外國大學院校紛紛來台招生，大陸學歷採認想必是遲早的問題，再加上移民及台商在大陸建校方便子女就讀等因素，三十萬人勢必被瓜分，而台灣大專院校能在外國招生的機會並不多。在如此學生結構丕變的情形下，不出三、五年間，「搶學生」的景象必將出現，對私校經營所面臨的困境實是「雪上加霜」。

十年來大專院校增加了二十八所，而准予籌備中的還有二十六所，其中十所將於明年開始招生，換言之，五年後，國內將有一百所以上的大學院校（不包括技術學院及專科學校）。在學校不斷增加而學生來源逐年遞減的情形，優勝劣敗自然淘汰的情況就會自然發生，日後大專院校招不到學生而「關閉倒店」，絕不是危言聳聽的名詞。

很多人疑問，難道教育部沒有可長可久的政策嗎？教育部眼看民間充沛捐資興學的活力，樂得借力使力，只要跨過設校門檻就樂觀其成，反正日後的生存發展端看各校的本事。其中教育部大力提倡「終身學習回流教育」也是重要的因應措施。

針對上述的警訊，大專院校如何變革圖強，宜有下列幾個方向：

一、併校以增加競爭力

高等教育的遠程目標是國際化，若要具有與世界一流的大學比評，須要整合有限資源，合流爲一。是故併校是提高辦學效率增加競爭力的可行方式。但因本位主義及既得利益從中作梗，談何容易；如台大和台北師院談不攏；交大與清大不投緣，僅嘉義農技學院與師院將於明年二月合併，那是政治力使然，應屬例外。

二、整合系所注重實用

在大學院校系所冷熱涇渭分明，熱門系所窄門難擠，冷門者門可羅雀；尤以近年受金融風暴、產業外移等因素影響，造成「高學歷高失業率」，就連海外學人紛紛返國謀職也已沒保障。爲珍惜有限資源，應緊縮冷門科系，集中資源挹注於學生所喜好的科系，並開設實用課程，以切合社會及業界之迫切需求，廣增學生出路。

三、提高教學品質，招徠優秀學生

今年大學錄取率已達百分之六十七，還不到百分之百，只因其中約有一萬五千名重考生，再過三、五年重考生皆已就位，大學免試入學適時舉行，所有的學生皆可如願「讀大學」，學生素質日趨低落是必然現象。各校如何提高教學品質，以吸引學生，乃為當務之急。

四、建立名副其實的特色

各校應有各校的特色，而非一味「追高」及「一窩蜂」增系增班。由於教育的開放，使得改制變為各校追求的目標，專科想變學院，學院想升大學，形成一窩蜂的現象。因全校上下致力於「追高」，以致力量分岐資源分散，使原來培育目標模糊，忽略了原本要追求的特色。

五、服務社會爭取資源

服務社會爲高等教育的功能之一，各校紛紛成立推廣教育及在職進修班等，是一件可喜的現象，不但可滿足社會的實際需求，又可增加學校收入，改善財務。外國著有成效的「建教合作」制度，即由業界提供充足資金給學校從事研究，而學校將研發成果回饋業界，如此互惠互利的做法，值得效法學習。

爲因應人民受教育的期望，政府大量擴充高等教育，幾乎達到飽和狀態，如何做到質量相符，提高教學品質，培養國家建設優秀人才，該是檢討的時候了。

（本文刊載於八十八年十月二十五日《民眾日報》）

校長兼授課程之商榷

據報載，台北縣政府決定自下學期起，各國中小學校長每週必須授課二至四小時，此一規定發布後隨即引起廣泛的討論。眾所探討的焦點，在於多元化的社會結構中，專業分工越來越細密，校長所扮演的是治理校務的角色，心有旁騖是否合適。

從法的觀點來看，法令之所以未明訂校長必須上課，旨在使校長能專心綜理校政，並且兼顧校長日常事務繁多的事實。就後者而言，諸如國中校長須列席縣市議會，小學校長須禮貌性列席鄉鎮市民代表會，又要周旋民意代表及參加社區各種活動及集會等，單單要因應這些瑣碎活動，時間就已占滿，若須再上課，別說時間不夠用，縱使排課，勢必因不定期的開會通知或活動參與而常調課，如此一來，不但課程銜接有問題，要是臨時有事，未能按時上下課，反而立下了壞榜樣。

平情而論，台北縣政府此一舉措的考量是，校長選自資深優秀教師，透過上課可以親近學生，了解教師授課的難處，立意至善。但，衡諸實際，校長若有心要親近學生及了解教學問題，方法多的是，不必一定要上課。更何況校長上課的方式及執行技術層面難度頗高。舉例而言，國中英文課每周五節，校長只上了兩節，剩下的三節誰來教，不同的教師不一樣的教法，學生難適應，勢必影響學生的學習效果。

由此可見，制度的合理性並不完全代表可行性。學校要辦得有特色，必須有它優質的校園文化，而校園文化的塑造端賴一個有理念的校長帶領全體師生共同打拼有以致之。職是之故，若要校長專心校政，不宜要求他在校園扮演多重的角色。

（本文刊載於八十八年十一月九日《中央日報》）

藏技於民帶動國家經濟發展

——觀察第三十五屆國際技能競賽有感

第三十五屆國際技能競賽（35th world skills competition）於十一月十一日至十四日假加拿大蒙特婁隆重舉行。由於借用一九七六年世運會之巨蛋場地舉辦，是故交通便捷、空間寬敞又動線流暢，特別是大會規劃周詳，舉凡海報、標誌及資料樣樣齊全，其中安全的維護尤值得稱道。

台灣代表團一行，包括選手、裁判及觀摩人員等，爲一個計有一百廿四人的團隊，由勞委會職訓局林局長聰明擔任團長，浩浩蕩蕩的開拔前往與會。筆者承邀擔任觀摩人員，基於從事技職教育多年的經驗，加上此次參加餐飲服務及西餐烹調比賽的選手乃本校學生，爲此頗能見微知著，從而感觸良多。

頭一遭教人反應強烈的是，儘管一再強調技能競賽，卻仍脫離不了政治干預的問題。但見開閉幕典禮中，大會不准高舉我國旗進場，雖經強烈抗議，依舊不得要領。這不禁讓人想起一九七六年蒙特婁奧林匹克運動會，我國選手甚至到達美國洛杉磯時還未獲簽證的尷尬往事。政治的陰影介入技能及運動，迫使我國國際活動空間處境更加艱難。

就這樣，全體人員在義憤塡膺的心情下投入各種活動。由於選手個個全力以赴，在所有三十七種職類中的三十三項競賽中，獲得七面金、六面銀、三面銅牌及十四項優勝獎項，甚至蟬聯團體冠軍，總獲獎率達百分之九十的良好成績。對於未參加的職類爲冷凍空調、汽車噴漆、花藝及造園等四種，以及烘焙表演，今年職訓局已派員觀摩，好爲下次參賽預作準備。依據現場觀摩所得，上述職類國內已呈蓬勃發展景象，可謂潛能無限，若能切實掌握資訊，儘早規劃，當大有可爲。

比賽進行當中，幾次陪同林局長繞場觀看我國選手參賽情形，看到他們「將士用命，爲國爭光」的賣命打拚精神，感佩之情油然而生。的確，整整四天的比賽，非得要有充足的體力、耐力及毅力不可。好比電焊類在不到四坪又幾乎密閉的空間競技，其辛苦的程度，令人難以想像。勿論得獎與否，能在國際大賽一展身手，對於爲國辛勞的頂尖高手而言，已是難能可貴了！

再者，爲了慰勉代表團的辛勞，我駐加拿大代表房金炎先生，特專程從加國首都渥太華到會場給選手加油打氣，並設宴款待工作人員。此外，唯恐選手不適應生菜沙拉及乾硬麵包的西式飲食，爲使他們保持豐沛飽滿的體力，職訓局賴組長水欽特別幫選手準備中式便當，生活起居給予照顧得無微不至，在這種溫馨的氣氛激勵下，無怪乎每位選手莫不使出渾身解數，企求優異的表現。

還有令人印象深刻的是，主辦國加拿大對這一大型國際活動投入很大心力，有關交通、旅遊及廠商等都納入協力單位，從而發揮高度有效的統合力量。也不時目睹一群又一群的中小學生，由老師帶隊參觀，並詳細說明活動及內容，不但深富教育意義，又可激發青少年對技能之興趣與重視，藉此儘早培養優秀選手，一舉數得。諸如此類，在在值得效法。

至於其他參與國更不錯過吸取「他山之石，可以攻玉」的良機。如鄰國日本，就委請NHK電視台拍攝每一職類比賽過程，作爲下次比賽準備之參考。又如兩年後第卅六屆主辦國韓國，更派出近三百人的龐大代表團，鉅細靡遺的加以錄影，作爲改進下次活動的依據，同時冀望爲日後大放異彩奠基。

有鑑於國家經濟建設需要各種人才，而技職教育在人才培育方面扮演了非常重要的角色，絕不容等閒看待。近年，我國技職教育在教育部與勞委會的密切合作下，實有長足的進步。技職教育欲達成本身設定的目標，端賴經由「學中作，作中學」有以致之。尤其是透過各種比賽的鼓勵及帶動，更可收事半功倍之效，要是能多參與國際競賽，既可增加國際能見度，一旦獲取優異成績，更可發揚國威，能不說是利多？在此寄語政府儘速檢討此次與賽得失，爲下一次的比賽儘早規劃，以期締造更輝煌的佳績。

（本文刊載於八十八年十一月廿九日《民眾日報》）

師生歡聚，其樂融融

自民國五十五年離開光華女中迄今，雖已整整過了三十三個年頭，但對彼時的同仁、學生及周遭事物的深刻記憶，歷久彌新，蓋因光華女中是筆者邁入教職生涯的第一站，而這一際遇還得從讀中學時候說起。

猶記得民國四十三年之際，筆者由東石中學轉入北港中學，時任校長的林新村先生秉持獨特的辦學理念，將北港中學辦得有聲有色，馳名全省而贏得「草地狀元學校」之美譽。筆者受此優良學風薰陶，不但學有所得，而且在畢業那年也順利考上甫成立的東海大學。令人難以忘懷的是，猶記放榜當天，一張以林校長及家長會長蔡連捷先生名義，上頭寫著「祝賀李福登君高中東海大學歷史系」幾個斗大字體的大紅紙，被張貼在香火鼎盛的北港媽祖廟牆壁上面，顯得分外搶眼。這等類似民意代表銘謝當選的海報，叫人印象深刻，終生銘記在心。

大學畢業後，因家母老邁，爲克盡孝道，自不宜遠遊，遂放棄出國深造機會。民國五十一年役畢時，林新村先生轉任光華女中校長，造訪請益時承蒙其賞識而提攜聘用，先後擔任訓育組長及訓導主任等職務。

創校歷史悠久的光華女中，規模雖然不大，但辦學紮實而富人情味，同仁相處誼如手足。學生素質雖不是頂尖水準，但活潑而富潛力，尤其在優良傳統的校風薰陶下，此一特質由畢業校友不論就業或家管，都能獨當一面表現亮麗傑出而得到明證。

光華女中不僅是我從事教職的開端，更是我結婚成家並喜獲大女兒映慧的地方。當時學校提供的二層樓教職員宿舍，一樓住有李玉潔、王壽美（前成大校長夏漢民夫人）、吳春山、施瓊花，二樓住有李家蕊、廖德容、沈哲哉及筆者。但覺左鄰右舍，守望相助，晨昏相聚，溫馨滿懷，親情如同一家人，其後時移境遷，大家難得有機會碰面時，彼此聊將起來恍如時光倒流，快樂無比。

此次應行政院勞委會職訓局之邀，赴加拿大蒙特婁觀摩第三十五屆世界技能大賽期間，順道前往美國紐澤西拜訪久未晤面的林新村校長伉儷。林校長雖已八十二歲高齡，但身體矍鑠硬朗，健談如常，讓人欣喜不已；特別是他邀約平時保持連繫的光華女中校友前來歡聚，內心更是洋溢著難以言喻的愉悅。欣見二、三十年不見的學生，今已成為中年婦女，談到她們兒女成群，各有成就，眞是滿心欣慰！一位教育工作者，生平最大的快慰及成就感，就是看到學生們擁有美滿的歸宿，過著幸福快樂的生活。

長期以來，筆者不忘偶爾回光華女中看看老同事，瀏覽學校的一景一物，頗能領受「重溫舊夢」的況味。尤其是摯友傑出教育家葉瑞山先生繼任校長，在這麼一位經驗豐富的學校經營者穩健踏實的治理下，近年來校譽卓著，令人萬分感佩！雖是時間飛逝，一轉眼已是三十多年，但是對這個人情味濃郁的學校，筆者時以曾為光華女中的一份子，而將它引為個人無上的光榮。

（本文刊載於八十八年十二月二十五日《台南市光華女中七十週年校慶紀念特刊》）

一位教育的先知深耕者

——記洛城拜訪許伯超先生

日前趁赴加拿大蒙特婁觀摩第卅五屆世界技能大賽之便，順道拜訪睽違十多年，目前定居美國洛杉磯的教育界耆宿——許伯超先生及其夫人。許氏伉儷兩人雖已屆八十五高齡，但身體健朗，不僅精神抖擻，而且談鋒如昔。筆者心情備感愉悅之餘，過去追隨伯超先生的若干陳年往事，頓時浮現於腦海中。

伯超先生籍隸四川華陽縣，出身美國史丹福大學教育學院，在劉眞先生主政台灣省政府教育廳時擔任二科科長，繼而奉派出任台灣師大附中校長，其後轉任台南家專校長，後來又承東吳大學端木校長之借重，擔任該校訓導長同時肩負籌辦城區夜間部之責，對於教育事業可謂見多識廣。由於其穩健嚴謹的辦事治學風格，舉凡他所經手的教育經營，莫不締造輝煌卓著的績效。

由於因緣際會，筆者得能到台南家專（現已改制爲台南女子技術學院）服務，也因而得有機會受知於伯超先生。當年的台南家專係由張良田、紀漢仁及劉應嶽等嘉義地方士紳所發起，創校的宗旨在發揚中國固有的淑女美德。是時基於校務長遠發展的考量，爰敦請黨國大老時任中國國民黨秘書長的唐縱先生出任董事長。唐氏爲貫徹辦學理念，積極物色適當的校長人選，在他「三顧茅廬」的深情力邀下，伯超先生深受感動，遂於民國五十六年出任台南家專校長。

儘管伯超先生主持台南家專校務僅短短五年光景，但因本身從事教育行政工作的閱歷十分豐富，在他充分授權、分層負責及清廉勤政的獨特風格領導下，爲初創的台南家專奠定了日後蓬勃發展的良好基礎。

伯超先生執掌校務期間，其中有幾件值得一提的事是，那段時間，筆者擔任總務主任，妥善照顧校長生活，原乃職責的一部分；實際上卻力有未逮。甫開辦的台南家專並沒有校長宿舍，本擬安排伯超先生於台南市區租賃或安排旅館長期住宿，但許校長以便於就近治理校務及照顧師生為由加以婉拒，寧願委身於教學大樓的樓梯間——連一個起碼盥洗間都沒有的簡陋小室——而安之若素，壓根兒不以為苦，如今想來，筆者內心仍覺萬分歉疚。再如那時空間不夠分配，伯超先生又騰出校長辦公室充作教室，而與駐校常董張良田先生合用一間辦公室，兩人面對而坐，卻以輕描淡寫的話語：「方便交換校務意見」烘托出泰然自處的胸懷。諸如此類的雍容氣度，實非俗輩所能企及。

至於面對私校董事會最關心的財務會計與人事掌控的問題，伯超先生更是坦坦蕩蕩：未帶任何親信上任，對於經費動支，基於與董事會權責分明，時時叮嚀務必做到「清清楚楚」。也因其明確的提示，而得以確立健全的財務制度。這在私校紛傳出財務糾葛事件當中，顯得相當的突出不凡。

總之，筆者之所以對伯超先生如此敬重，甚至可以說是到了崇拜的地步，乃基於感佩其清廉自持的情操，以及穩健圓融的風範而來。在與其共事期間，承其耳提面命及情摯感召，工作愉快且頗具心得。這一切使得筆者後來承乏公私立專校校務時，得以仿效援引並略著績效。一路走來，因果相乘，每思及此，感念之情不禁油然而生。

（本文刊載於八十九年一月一日《中華日報》）

高等教育發展的隱憂與對策

教育部繼二月一日一口氣成立台北、嘉義及高雄等三所大學之後，三月份又公布致遠、開南、立德及興國等四所學院成立，緊接著又有四所科技大學及十五所技術學院完成改制，此外，更有近二十所獲准籌備的大學院校。面對高等教育如此快速的蓬勃發展，一則以喜，一則以憂。

日本名專欄作家中村忠一先生，曾於十年前在日本最大報的《讀賣新聞》發表論文，提出日本將出現銀行倒閉現象的警訊。奈因當時日本「泡沫經濟」正值「冒泡」的一片榮景，此舉不但未引起應有的注意與重視，反而招致危言聳聽與悲觀主義的批判。

豈知該文發表後第六年，日本銀行發生幾十家倒閉或合併的骨牌效應，連百年老店的住友、櫻花等銀行也不例外，作者始被稱爲「先知者」。

去年底，博得「先知」美譽的中村忠一先生再次發表宏文——〈雙重負債下，五年（二〇〇四年）後二八二所大學及學院將倒閉〉。該文指出日本因學生來源減少，而高等學府既大量擴增且鉅額投資，在供過於求的排擠效應下，有如此多的大學院校將面臨倒閉命運。他甚至斬釘截鐵的說，倒閉的數目只會多不會少。因有前文不被重視結果卻應驗的前車之鑑，該文發表後，隨即引起日本教育界很大的震撼與回響。

俗話說得好：「他山之石，可以攻玉」，台灣與日本之文化背景及國情相差不多，台灣的大專院校的數量約日本的六分之一，只不過私立大專院校的數量比例較高罷了。根據統計，九十學年度國中生僅剩下三十萬名學生，而各校可招收的大專生名額，到九十二年已超過四十萬人，屆時學生來源呈現嚴重不足。更何況一旦台灣加入WTO，外國學校得在台灣招生及兩岸三通以後的文教交流勢必熱絡，紛紛競食國內日漸萎縮的「生源大餅」，這對經營本已艱困的私校而言，無疑雪上加霜。

面對即將到來的高等教育發展瓶頸，如何突破是項嚴肅的課題。對此，筆者有如下幾點淺見：

一、停設新校，擴大舊校

三年後台灣將有一百五十所大學院校，如此數目跟鄰近的南韓相近，但南韓的人口是台灣的二點一倍，且每所高等學府約一萬人，遠遠超過台灣平均每校約四千餘人的規模。根據學校經營之研究，學生數要達一萬五千人始符合經濟規模效益，而現今台灣約有三分之一的公立大學學生不及四千人。因此，政府不妨節制新校之設立，同時予有發展潛力及具有條件的學校，擴增其招生名額，以配合社會之實際需求。

二、廣籌經費，重點補助

受中央政府總預算緊縮的影響，教育部倡議公辦民營、B.O.T.或以自籌經費等方式營建學校可以自償性的工程，如學生宿舍、餐廳及游泳池等。類此構想受限於融資及租稅法規尚未妥善，投資者無優厚的報酬，因而缺乏參與的誘因。況且學校畢竟是教育機構，過於沾染濃厚之商業氣息，實非所宜。然而，教學品質的提升，舉凡優秀師資、新穎設備及良好研究環境等，在在須要充足的經費挹注，在「僧多粥少」的情形下，教育部宜針對各校屬性的輕重緩急及先後次序深入評估，予以重點補助，使其正常發展，對於新校尤需如此。

三、發展特色，自求多福

聯招廢除後，各校皆得各憑本事吸納學生，爲了因應將來學校供過於求的情況，唯有秉持「學以致用」的教育目標，用以發展學校本身的特色，如此才具競爭力。可見實用是將來教育的最新趨勢，如何給學生有「帶得走」的專業學識與知能，將是學生對學校的選擇與殷切要求之依據。換言之，各校必須考量自身屬性、地區特徵及特有資源等條件，塑造學校特色，才能吸引學生。

隨著家庭的「少子化」及「嬰兒潮」時代的結束，高等教育學齡人口的減少是許多國家共有的現象，導致就學「全額錄取」之外，還會發生大量招生不足的現象，這由今年私立高中（職）招生已發生困難便見端倪。吾人樂見大專院校如雨後春筍般的設立，但環顧前景，不免憂心忡忡。未雨綢繆，防範未然，但祈朝野各界早日建立共識，籌謀對策，俾防杜大專院校「倒閉關門」的事件發生。

（本文刊載於八十九年五月三十日《自立晚報》）

中研院招收研究生之商榷

中央研究院正式向教育部提出申請設立「國際研究生學院」，擬招收國內外博士班學生，跨足高等教育市場。雖然教育部對此一方案還沒有做出最後的定奪，卻早已引發國內相當多大學的質疑與憂慮。

質疑的是，依學術領域分工而言，中研院屬於層次最高的研究機構，大學則爲高等教育單位。如今，中研院欲撈過界跨越其研究版圖，在原屬大學的教學研究領域插上一腳的招收研究生，這與其原來是定位在研究的任務職掌是否契合，委實值得存疑。至於憂慮的則是，由於大勢所趨，各大學莫不將辦理研究所列爲辦學的重點，然而，中研院以其大師雲集之優勢，將來優秀碩士將趨之若鶩，如此一來，勢必影響大學的魅力，從而令大學研究所爲之失色不少；這對於即將面對加入WTO，教育市場開放帶來外國大學紛紛登陸招生或設立分校之衝擊的大學而言，無疑是雪上加霜。

在此情況下，如何尋求「雙贏」，應是化解歧見的思考方向。筆者以爲不妨採行「共生共利」的合作策略，亦即中研院選擇於績優大學中設立研究所，讓研究人員也能於研究工作之外，藉著教學加深印證其研究所得；而大學則可從中獲得中研院的支持，借重大師級的師資在校內開設講座，以提升大學研究所的地位。

貴爲國內最崇隆的學術研究機構的中央研究院，近年來在李院長卓越的帶領下，不但研究績效斐然，又能投入「關懷社會」的宏大願景，各界莫不給予最高評價。吾人寄望中研院仍能堅守研究本位，又能協助大學提升研究水平，彼此攜手合作，共同爲邁向世界級的學術水準而努力。

（本文刊載於八十九年六月十二日《民生報》）

注視高等教育發展的警訊

日前經建會人力規劃處提出報告，呼籲教育部重新檢討大專院校供過於求的情形，此一報告無異給新設大專院校如雨後春筍般爭相冒出的現象，敲下一記警鐘。教育部繼二月一日一口氣成立台北、嘉義及高雄等三所大學之後，三月份又公布致遠、開南、立德及興國等四所學院成立，准予今年暑假招生。緊接著又有四所科技大學及十五所技術學院完成改制，此外，後頭更有近二十所獲准籌備的大學院校。面對高等教育如此快速的蓬勃發展，令人憂喜參半。

曾以日本將有銀行倒閉或合併而「一言中的」，爲此博得「先知」美譽的日本名專欄作家中村忠一先生，於去年底再次發表宏文——〈雙重負債下，五年（二〇〇四年）後二八二所大學及學院將倒閉〉。該文指出日本因學生來源日漸減少，而高等學府既大量擴增且鉅額投資教學設施，在供過於求的排擠效應下，體質較弱的大學院校將面臨倒閉命運。他甚至斬釘截鐵的說，倒閉的數目只會多不會少。因有前文應驗的效應，該文發表後，隨即引起日本教育界很大的震撼與回響。

台灣與日本之文化背景及國情相差不多，台灣的大專院校的數量一如人口數的比值一般約爲日本的六分之一，只不過私立大專院校的數量比例較高罷了。根據統計，九十學年度台灣國中生僅剩下三十萬名學生，而各校可招收的大專生名額，到九十二年已超過四十萬人，屆時學生來源呈現嚴重不足。更何況一旦台灣加入WTO，市場開放，外國學校得在台灣招生、設立分校，以及兩岸三通以後學歷採認的文教交流勢必熱絡，如此外國紛紛競食國內日漸萎縮的「生源大餅」，這對經營本已艱困的私校而言，無疑雪上加霜。

隨著家庭計畫的「少子化」及「嬰兒潮」時代的結束，高等教育學齡人口的減少是許多國家共有的現象，導致將來就學「全額錄取」之外，還會發生大量招生不足的現象，國內由去年私立高中（職）招生已發生困難便見端倪。吾人樂見大專院校接二連三的設立，但環顧前景，不免憂心忡忡。當今，爲未雨綢繆之計，實有賴朝野各界早日建立「憂患意識」，儘速籌謀對策，俾防杜大專院校「倒閉關校」的事件發生。

（本文刊載於八十九年六月十三日《中央日報》）

教改何不回歸基本面？

近日重大教改中的「多元入學」方案，遭立委質疑不但未減輕學生課業的壓力，反而製造更多的考試次數。如今在輿論的壓力下，教育部又改弦更張，擬將高中入學方式由多元化改爲推甄、申請及分發等三元化，政策一再變更，不但教育界「霧裡看花」，學生及家長也無所適從。使得教改的議題再度引起社會大眾的關切。

教育是一項長期性、持續性及全面性的艱鉅工程，理應有一套可長可久的政策，藉資遵循。但睽諸實際情形，短短八年來，教育部先後經歷了毛高文、郭爲藩、吳京、林清江、楊朝祥及曾志朗等六位部長，除現任的曾志朗部長外，平均每位部長任期僅一年半，在如此短暫的期間，期其政策落實，開花結果，可眞是強人所難。

吾人肯定每位部長皆是教育界一時之選，亦皆能針對時弊提出對策，奈何受到「人去政息」的影響，良好的政策往往無以爲繼，績效自然大打折扣。近年來諸多教改方案中，舉其犖犖大者：如「十二年國教」的構想雖好，卻因牽涉過廣，迄今「只聞樓梯聲，不見人下來」；又如「九年一貫課程」的計畫，前任部長信誓旦旦要於九十學年度實施，也因部分國中教師反彈，而未能建立共識，現任部長遂有「不排除延後實施」的表示。

其實，教育的內涵不外乎師資、課程及設備等三大主軸，改革並不代表要標新立異而忽略了最基本的要項。試舉改革重點臚列如下：

一、不適任師資之處理

學校之良窳及教育效能，繫乎是否有優秀的教師陣容。現今各級學校存在不少不適任的教師，這種情形大家都心知肚明，只因過於棘手，大家不願意去碰而使問題愈趨複雜嚴重。政府理應有妥善的機制謀求因應，而非採駝鳥心態，一味的下達「由校長提報上來」的不合情理要求。

二、課程的適時修訂

由於時代快速的變化，高科技資訊的發達，課程應配合時代的需求，適時調整修訂實屬必要，惜乎課程修訂的機制過於緩慢，跟不上潮流。

三、設備的除舊更新

近來學校數量日增，尤以新設大專院校如雨後春筍般的冒出爲最，但教育經費因爲失去了憲法最低下限之保障，導致教育經費日趨緊縮短缺，影響教學設備之更新充實至鉅。

新政府上台，社會大眾莫不寄予厚望，教育部新部長承受著來自各方投注的殷切眼光，根據經驗法則，若未提出一些新點子，易被譏爲「保守無作爲」。然而，任何良好的政策，貴在具體可行。吾人殷切期待教改能回歸基本面，作好師資、課程及設備等三大領域之改革。紮穩基礎後再推動已叫嚷多時並已具有共識的教改方案，而非好高騖遠，儘提出一些高不可及的新點子，捨本逐末，抑或本末倒置，以免事倍而功半。

（本文刊載於八十九年六月十五日《民眾日報》）

社會篇

延年益壽的龍鳳汁

李總統於日前夜宿本校「總統套房」，翌日早餐中，特由著名調酒教師陳文聰調製由數種鮮果搭配而成的「龍鳳汁」，以饗嘉賓，總統及許院長水德等貴賓品嚐過後，皆謂口感清鮮、風味絕佳，頻頻頷首稱讚。經媒體披露後，連日來洽詢函電未曾歇止。爰將其調製材料、份量及效能公諸於世，藉供讀者如法炮製此一「帝王級享受」的健康飲料。

一、材料與份量

材料	份量	營養成分
紅蘿蔔	2 oz	維生素A、C、B_1、B_2及鈣、納、磷、鎂、鐵
西洋芹	1 oz	高量的B_1、B_2、A、C及鈣、磷、鎂
哈密瓜	1.5oz	高量的維生素A、C及纖維素
蘋果	1 oz	維生素A、C、蘋果酸、酒石酸、班多生酸、枸櫞酸
柳橙	1 oz	維生素A、C、B_1、枸櫞酸
鳳梨	1 oz	高量的維生素C、鈉、鈣
檸檬	0.3oz	維生素A、B、C、檸檬素、草酸鈣、果膠
蜂蜜	0.5oz	維生素B_1、B_2、B_6、C、K及大量的無機鹽類

二、效能

由於龍鳳汁是種百分之百的生鮮果汁，而生鮮果汁本身就具有消除疲勞、增強體力的效用，更可預防皮膚粗糙、雀斑、便秘，對許多慢性症狀亦有功效，再包含了其他新鮮蔬果的健康物質，使得龍鳳汁更具備了強肝、造血、促進生長、利尿解毒、調整心律、調節腦神經、安定神經及延年益壽等功能。

此一頗富營養價值經數種生鮮蔬果調製而作的健康飲料，取材方便，調製簡單（攪拌後過濾），老少咸宜。其特色在於保持清鮮度，若讀者不嫌混濁，更可加上木瓜與鮮乳，如此就變成了「十全大補汁」，嗜好生鮮果汁者不妨一試。

（本文刊載於八十七年十一月十六日《自由時報》）

樂在休閒

隨著家庭經濟的寬裕與週休二日的實施，休閒活動一時蔚然成風。處在忙碌的工商社會裡，生活節奏快速緊張，透過休閒得到身心的調劑舒緩，不但有益健康、豐富心靈，也可平添生活中無限的樂趣。尤其提倡優質的「休閒文化」，才能眞正建造一個「富而好禮」的社會。

國人常以「勤勞是美德」自居，意識裡總認爲休閒是一種奢侈浪費，甚至是一種墮落，養成「休息中不忘工作」，導致身心俱疲，如此不但工作效率減低，生活品質亦無法提升。其實「休閒」積極的意義就是爲了提高工作效率的雙贏策略。關於這一點，西方的「工作時拼命工作，遊玩時專心遊玩」（Work while you work, play while you play）的生活方式，值得我們學習借鏡。從事休閒活動依個人的興趣而有異，但宜選擇具有促進身心健康的項目：如爬山、慢跑、郊遊、游泳、陶藝、雕塑，及充實心靈的藝文、音樂、舞蹈等欣賞活動。而且要遠離危險而有害身心的活動，如飆車、賭博或沉溺於聲色場所，蓋這種「損人不利己」的感官刺激活動，就大大失去休閒的意義。

休閒是一種心境的活動，所以只要稍加規劃安排，隨處皆可從事休閒活動，如各地文化中心、圖書館、民間社團活動及公共展覽表演等，俯拾皆是不必花錢的項目。至於利用空閒時間從事有益身心的活動，如到郊外聽聽鳥叫蟲鳴，看看青山白雲，當可激發活力，擴大視野，增進人際關係，不但不是浪費時間，而是眞正在珍惜善用時間，如此也才能充分體驗到「休閒是爲了開創更美好人生」之境界。

（本文刊載於八十八年一月五日《自立晚報》）

悼念一位可敬的成功企業家

一位有成就的企業家之所以令人尊敬，不單是著眼於企業版圖的大小及財富的多寡，而是看他在名成利就之餘，對社會付出多少關懷與從事那些公益事業而論。陳公江章先生出身澎湖貧困家庭，隻身離鄉前來本島，憑他魁梧的體魄及強韌的意志，發跡高雄。難得的是，事業成功後不忘本，一再回饋離島的故鄉及致力於社會公益事業。

筆者知遇於陳老先生於台南家專（現已改制爲台南女子技術學院），倏忽二十餘年，承其愛護獎掖有加，建立了深摯的情誼。遽聞噩耗悲從中來，茲記述往事數則，藉表懷念哀思之忱，並彰其高風亮節之行誼。

陳老先生性情豪邁，交遊廣闊，政商關係良好，結識時任國民黨中央黨部秘書長、又是台南家專董事長的唐縱先生，因其熱心教育，捐獻大批水泥及資金給台南家專，此舉對於發展中的學校助益頗鉅。董事會感其慷慨輸將，遂禮聘爲董事，如今學校蓬勃發展，其功不可沒。

記得多年前家專有位賴姓學生發生車禍斷腿，裝置義肢所費不貲，求助於他，慨然施予援手。又學校美工科韓明哲老師以繪畫澎湖爲主題，擬出版專集也獲其資助，才得以順利輯集成冊。猶憶音樂科每年到高雄公演時，邀其出席欣賞演奏會，雖然對音樂並不是很感興趣，但他自始至終，聚精會神的端坐，就只爲給表演的師生打氣加油，有人說：「教育無它，唯榜樣而已。」陳老先生就是以行動來樹立榜樣的人。

爲推動文化事業及獎掖清寒優秀學生，他創設了「財團法人東南文化基金會」，使得離島及原住民的優秀學生，得到獎助，順利完成學業。其中大部分資金辦理碩、博士班學生無息貸款，約定俟其畢業後分期原金退還，若有困難者尚可展延，因此嘉惠無數學生獲得碩、博士學位。爲擴大獎勵範圍，他不斷挹注，使基金益形龐大，致更多學生受惠。受惠學生畢業後，已順利就業，依約應按期攤還貸款，但仍有部分學生不履行約定，致使未能收回的貸出呆帳，高達近新台幣兩千萬元。爲糾正這些不知「飲水思源」受惠者的不當行爲，基金會曾提議循由法律途徑解決時，陳老先生說：「好不容易唸到碩、博士，控告他們會影響這些青年的前途」而作罷，相較於陳老先生的宅心仁厚，那些不知感恩圖報，被催繳還款時仍推三拖四的高級知識份子能不汗顏？

陳老先生侍奉父母至孝，爲感念雙親的撫育之恩，並注重兒童學前教育，曾不惜土地成本代價，特別選在高雄市自強路上的黃金地段設立「經一幼稚園」，一來紀念雙親，二來教育下一代。這種「愼終追遠」的孝道精神；以及致力於百年大計的教育事業，凡此崇高的情操，長者的風範，眞是令人感佩，非常值得後人效法學習。

陳老先生雖在事業上雄霸一方，但一向未涉政治。八十六年三月台灣舉行開台四百年來的首次總統民選。李連搭配一組擬在高雄市成立後援會，素負清望又無派系色彩的陳老先生，深得李登輝總統的賞識與信賴，敦聘其出任後援總會會長。雖以前從未參與政治，但「受人之託，忠人之事」是其爲人處事之風格，夙夜匪懈，全力以赴。爲加強會務推動，他聘請選場老將許仲川先生爲執行長，密切配合。由於他的精神感召，後援會工作同仁，士氣高昂，效率奇高，果然李連在高雄市的得票率亮麗無比。陳老節儉成性，選舉後將剩下的經費約新台幣參仟萬元成立「財團法人後援公益文教基金會」，補助從事辦理慈善公益活動，充分流露樂善好施的精神。

高雄餐旅專校，爲善用優秀師資及實用課程，決定擴大社會服務，擬假市區成立推廣教育中心，當筆者向其稟報此一構想時，他慨然允諾將議會旁邊新建立的文化大樓，廉價租借給學校。怎奈因牽涉商業法，學校不得開立發票而功敗垂成。但拖延近年，致使樓層閒置，以致減少收入而使筆者感到萬分歉疚。幸好，後以行政院南部辦公中心，擬設籍高雄，一眼相中此一黃金地段上的巍峨堂皇大樓。他爲支持政府服務南部民眾之決策，仍以低廉價格出借。餐旅專校獲其愛護關愛尙不止於此，如在籌募師生急難救助基金時，他立刻捐獻一百萬元贊助，共襄盛舉。

餐旅專校師生爲感念其對教育的熱忱及對師生急難救助的關懷，曾決議在校內由學生展現精湛技藝，爲他作八十大壽（俗稱米壽），並初步徵得家屬親友之贊同，正當校方熱烈籌備中，不期然聽到他老人家身體欠安而暫作罷。師生正期待今年能得以一償宿願時，忽傳溘然仙逝，此刻全校師生莫不追思其善行義舉而更加懷念不已。

（本文刊載於八十八年一月六日《民眾日報》）

為謝長廷市長借箸代籌

——兼論高雄國際化宜由發展觀光著手

在新人新政、新氣象的殷切期盼下，謝市長上任後的第一次市政會議中揭櫫以「治安、污染、交通」為其施政的三大重點，此舉實已切中時弊，也大致符合民眾的迫切需求。但以「海洋首都、快樂出航」作為政見主軸的謝市長，如何使高雄市邁向全球化的國際都會，應是施政的另一重點。

由於觀光事業是一種低成本高效益，又沒有污染的「無煙囪工業」，而且觀光事業又可帶動其他相關產業的蓬勃繁榮發展，是故，各國政府及大都會區莫不傾全力投入促進觀光事業之發展。高雄觀光資源極為豐富，若能加以整合開發，不但可以促進高雄地區的繁榮，也是高雄拓展國際知名度的最佳捷徑。

職此之故，如何以發展觀光事業爲主軸策略，帶動高雄現代化邁向國際都會行列，爰提出下列五點，供新上任的謝市長及其團隊參考：

一、提升權責單位與整合觀光資源

觀光策略的研訂及執行，需要充裕的人力與經費，而現行負責推動觀光事業的權責單位是市府建設局第六科，編制員額僅七人，預算又極爲有限，實難有開創性的作爲。限於政府的人事精減及預算的緊縮，解套之道應尋求民間的參與協助，藉以共創商機。高雄具有豐富的觀光資源，不僅有山（壽山、柴山）、海（港口、旗津）、湖（澄清湖、蓮池潭）、河（愛河），有多家國際水準的五星級大飯店，及達到世界水準的百貨公司，更有國際機場、世界第三大貨櫃呑吐港及摩天大樓，以及中鋼、中船、中油等國際性的大型企業，無一不是具有遊覽及參觀的觀光景點。可惜的是，未能有效整合利用。除了這些現有的硬體設施外，也可發揮本地特色的藝文活動，如文化中心、美術館、民俗館、岩寺廟宇及六合夜市等，多樣化富有鄉土氣息的民俗風情，足可吸引好奇的觀光客上門。

二、建立帶狀連鎖的大高雄觀光區

依據觀光局統計資料顯示，來台觀光的外國旅客，七人中僅有一人來高雄，可見高雄缺乏觀光之誘因。若能整合南部的觀光據點加以連線，豐富旅遊內涵，如在高雄市區觀光後渡輪過港到旗津，品嚐生猛海鮮並遊高雄港，後赴山地門、瑪家村原住民文化園區，一路沿著海岸線欣賞南國風光及未受污染的白沙灘、龍鑾潭賞鳥、恆春古城到墾丁國家公園，一氣呵成，飽覽風光。謝市長一直以「南部綠色聯盟」能運作自如，發揮「命運共同體」的功能而自我期許，此舉，正可結合南部各地區特色，建立帶狀連鎖觀光圈，共生共榮。

三、舉辦國際會議或大型活動以廣招徠

有了豐富的觀光資源及優質化的旅遊品質，更重要的是要有好的行銷策略。因此，

爭取如扶輪社、獅子會、青商會、同濟會及崇她社等，地區性或世界性的大會在高雄舉行。另藉舉辦大型活動，如亞運、選美賽、汽車大展、愛河燈會及中華美食展等，藉以吸引來自世界各地的人潮。除此之外，可由市府及民間組織高雄觀光促銷團，分赴國內外重要據點大力宣揚，更可透過電子媒體及網際網路等，將高雄的美貌推銷出去，藉以吸引世界各地的觀光客。

四、塑造旅遊安全舒適及便利的形象

觀光客從事旅遊活動時，最重要的評估指標是安全、舒適及方便等。是故，治安良好、交通秩序、空氣品質、生態保護及資訊便給等均屬不可或缺的要項。至於市容美化、景觀布置、標誌清楚及觀光資訊取得方便，及充分表現本地文化特色的氣息，才能使觀光客一進入高雄，宛若置身著名的世界大都會一樣，留連忘返。

五、培養熱誠有禮的待客之道

透過觀光客的交流，是促進國際了解及增進友誼的最佳途徑。中國素稱「禮儀之邦」，高雄人的「熱情豪邁」更是有名在外，如何使觀光客留下美好深刻的印象，激發呼朋引伴的熱情，除了表現高雄人的熱誠有禮外，簡單的外語會話（特別是英、日語）更是不可或缺，這也是新加坡及香港之所以觀光旅遊業發達之緣由，是一個值得借鏡學習的經驗。至於觀光人才的培育與訓練，高雄擁有國內首創「世界第一、全球最大」的觀光專業學校，更可使高雄觀光事業品質提升增加不少助力。

謝市長以強烈的企圖心入主高雄，又延攬具有豐富觀光事業素養的商界奇葩李登木先生輔弼施政，再透過「南部綠色聯盟」的運作，整合縣市觀光資源，在共生共榮的號召下，大力開拓觀光產業，帶動其他產業的繁榮發展，從而使高雄打開國際能見度，邁向國際大都會之林，實乃指日可待之美事。

（本文刊載於八十八年一月十五日《民眾日報》）

悼念甘苦扶持的牽手

記得民國四十四年台灣第一所私立大學—東海大學誕生，因爲是由美國人創辦的，吸引了八千多名學子報考，結果僅錄取二百二十名，由於學生人數不多，加上全部住校，因此同學間之情誼特別濃厚。在學期間室友廖本良同學，在私下閒聊時，常提起大妹巧於烹飪及精於洋裁，引起心中產生愛慕之意，及至初次見面時便留下美好的印象，經廖同學居間撮合，就這樣造就了一樁傳統式的婚姻。

在四十年代的嘉南沿海鄉村，稱得上稀有動物的大學生，想要物色一位理想的對象並不難，但是女孩子往往會要求，結婚後不能在鄉村過著耕種下田的生活。我因幼年失怙，家母扶育成人，為就近孝敬年邁的母親，而沒有遠離他鄉的念頭，愛妻卻能不嫌鄉下勞苦的生活毅然與我結婚，雖然婚後並沒有留在鄉村，但她那種抱著「嫁雞隨雞」同甘共苦的精神，打從心底感謝，也油然產生疼惜的情愫。

民國五十年執教於台南光華女中時與妻結婚，因對教育工作之投入，歸寧會親翌日即開始上班，不曾嚐過蜜月旅行是什麼滋味。當年由於學校沒有宿舍，本身也因為初抵台南並沒有房子，後經學校同意出借理化大樓約三坪大的樓梯間作為新婚洞房，洗滌還得利用理化實驗室的水龍頭，妻子對簡陋不便的生活並沒有埋怨，反而兩情相悅，甘之如飴。印象最深刻的是，由於居住空間狹小無法料理炊食，妻子只得從外購買，當年她從學生餐廳帶回便當的身影，迄今仍歷歷在目。

後來民國五十五年轉職台南家專，其間擔任總務主任兼夜間部主任，早上六點上班，一直到晚上十點半才能到家。早上上班時孩子還未睡醒，下班回來孩子已入睡，但妻子必須很早起床準備早餐，晚上又要倚門而望，等待晚歸的丈夫，如此單調機械式的生活，卻從來未出怨言，以致使我習以為常，未察覺妻子枯燥乏味的感受，始終直覺是傳統女性應有的「相夫教子」美德，如今思之倍感歉疚，想要多加補償，愛妻卻已不在人間了，或要抱著無盡的遺憾。由於全心投入教育工作，無閒暇出國旅遊，爲了表示感謝妻子的辛苦，曾發出豪語對妻說：「等我退休，孩子也成家立業後，我們一道去環遊世界。」她偶爾會提醒我說：「等到你退休，也許我體力已不行，而空有計畫。」無形中頗有領悟，於是定期利用寒暑假從事出國旅遊活動，未到過的地方僅剩韓國，因後來斷交有所顧忌而未能成願。命運在冥冥中似有定數，如今想來，還好趁早改變計畫，提前達成妻的願望而未造成遺憾，聊堪告慰。

後來因兒女已長大成人，妻子對子女已不須太多操心掛慮，所以就把注意力寄託在丈夫身上。但在民國八十一年，個人奉命籌備國立高雄餐旅專校，由於全國首創，必須在無中生有，忙碌異常，也因對工作投入過深而忽略妻子寂寞的感受。及至八十六年三月廿二日，妻子因惡性腦瘤而昏倒，手握愛妻手掌時，始發覺其手上結繭。在病榻照料的時間，竟然超過了結婚以來陪伴愛妻的總和，每當守候在病榻時，內心深處隨著妻子病情的變化而起伏忐忑，這時心中的愧疚之情，油然而生。

俗語說：「吉人自有天上扶」，妻子自發病以來，屢遇諸多貴人相助，經成大醫院腦科權威陳幸鴻大夫開刀後，出院雖左邊手腳不方便，記憶及語言表達都很清楚，像在臥病期間，前教育部長吳京及政務次長楊朝祥親臨病榻慰問，事後她仍依稀記得。尤其妻子平時對待學生，視如己出，所以在罹病住院期間，學生輪流守夜看護，不但分擔家中人手之缺乏，深厚的「師母情」表露無遺，益覺從事教育工作之深富意義。另外在妻子患病期間，家中成員由於擔心掛念，故隨時在旁侍候照料，家人團聚增多，天倫之情反而更加凝聚，得失之間，眞是存乎一心。

妻子的病情在親友同事不斷予以鼓勵協助，她心中頗覺溫馨興奮而力圖振作，兒女也極其孝順服侍，大女兒甚至辭掉工作，專心照顧母親，原本期待愛妻的病情從此得以有起色而康復，怎奈忽於年前體力衰退終至不能言語，意識模糊而不能行動，雖經多方延醫進行各種療法，仍然無法挽回生命。人的一生過程中總有無助的時刻，自己一生堅守教育工作數十年如一日，一切皆能由本身的力求上進加以解決，奈何面對妻子罹病時，無法分擔病痛，也無法插手醫治妻子病痛，深覺無奈。如今天人乖隔，雖是百般不捨，但見其在無痛苦的情形下溘然而逝，爲人丈夫及兒女認爲乃其平時敦親睦鄰、樂善好施所得的福報，因而心中稍感寬慰。

縱觀妻子廖美容女士的一生，是一位非常傳統的女性，具有勤儉耐勞安份守己的人格特質，雖沒有不平凡的才藝，卻有純樸堅毅的婦德。我個人一生堅守教育崗位，在教育上如有些許的成就，一切都應歸功於愛妻，由於她無怨無悔奉獻給這個家庭，才讓我無後顧之憂，全力以赴所致。假如人生的過程是一連串的選擇，我以爲這一生中最正確的選擇是娶她爲「牽手」。

人生宛若一首詩章，愛妻可比爲一篇不起眼但內容涵蘊豐富的平實散文，如細心去欣賞咀嚼它，就像橄欖一樣越嚼越有味道，但願其餘香能永遠遺留在諸親好友的身上。

（本文刊載於八十八年二月五日《中華日報》）

再遊翡冷翠

風流倜儻、享譽中外的大文豪徐志摩，把歐洲文藝復興的發祥地「佛羅倫斯」改譯爲富有詩情畫意的詞彙「翡冷翠」，單看它那充滿羅曼蒂克氣氛的名稱，就足以令人嚮往而產生無限的憧憬。

爲探望海外參訪的學生，再度重遊翡冷翠，仍然遊興不減，主要是由於它交織著特殊的歷史背景、自然景觀與文藝氣息所使然。

根據史實記載，它於公元前五九年由羅馬人所興建，是一座方型古堡城市，四周丘陵環抱，徐志摩形容它爲「近谷內不生煙，遠山上不起靄」的「百合花城」。到了十五世紀，它由財閥銀行家梅迪奇家族執政統治，憑其龐大的財力、恢宏的胸襟及高瞻的眼光，分赴世界各國蒐購藝術珍品，並資助鼓勵具有潛能的藝術家及文學家專心創作，因而處處洋溢著人文與藝術氣息，尤其是孕育了達文西、奧納多及米開朗基羅等藝術界的曠世偉人而達到最高峰。為確保文化遺產、城市的寧靜及環境的整潔等，相關措施皆訂有一系列嚴格的管理辦法，諸如嚴禁有污染的機車而採用電動車及設置行人徒步區等。職是之故，從表面上看，雖然它從絢爛歸於平淡甚至沉寂，但長期以來所涵詠著濃郁的文化氣息，終能歷久不衰。

看看別人，想想自己，不由得感慨係之！台灣雖稱經濟大國，生活富裕，但時見有人開著進口豪華名車，打開玻璃窗隨意丟棄煙蒂，甚至吐出檳榔汁；或半夜凌晨寧靜時刻，騎著拿掉滅音器的機車呼嘯而過。諸如此類不文明的舉動，如何將它轉化為優雅而充分愛護周遭的環境，從而創造一個祥和社會，委實是個值得深思探討的課題。

（本文刊載於八十八年二月十一日《自立晚報》）

徹底落實廚師證照制度

衛生署爲提升廚師專業知識，確保國人飲食安全，曾於八十三年四月二十日發布「食品業者製造調配加工販賣貯存食品或食品添加物之場所及設施衛生標準」，並規定於該標準發布五年後，從事餐飲經營業者，應有百分之八十烹調人員持有合格烹調技術證照。如今五年屆期，近日衛生署長詹啓賢更提出警告：「中餐廚師無證照，兩年後不得開業。」

依據餐飲公會統計資料，從事觀光旅館餐飲、承攬學校伙食、經營餐廳及自助餐等從業人員約有十萬人，惟迄今已取有證照者未及半數，又於下（四）月二十日起要執行證照制度。衡諸事實已無法全面實施，故政府特採權宜措施，酌予展延。爲徹底落實證照制度，宜從下列幾點著手：

一、宜由餐飲公會、學校相關餐飲科系等加強宣導，並透過大眾媒體大力宣傳，建立全民共識。二、職訓局應廣泛辦理餐飲衛生講習及定期定點一年多次辦理檢定，俾使取照人數快速增加。三、嚴格把關通過門檻，以維水準，以免浮濫，喪失保障飲食安全之意義。四、開辦「國家廚師」之甲級證照，以激勵取得丙級（一般廚師cook）及乙級（主廚chef）之晉升機會。五、開設西餐烹調技術證照，以因應餐飲日漸西化之趨勢。

中華美食聞名世界，美中不足的是缺乏一套完整的飲食文化，尤以迄今中餐廚師的高尚形象及尊嚴無從建立。廚師證照的實施乃爲潮流之所趨，但願在政府的大力推動及全民的配合參與，使得中華美食不但可口，又可吃出健康亮麗，從而使中華美食於世界廚藝中大放異彩。

（本文刊載於八十八年三月十六日《民生報》）

精力湯

——活力泉源，去毒除脂

國立高雄餐旅管理專科學校自從月前爲歡迎李總統蒞校住宿，推出「帝王級飲料——龍鳳汁」以來頗受佳評，爲促進大衆健康，又由校內調酒權威陳文聰老師精心調製出另一「活力的泉源——精力湯」，可供各界參考調製飲用。現代人由於飲食太過精緻化，導致過多營養囤積體內，造成惡質化的傷害，因此，對身體健康和身體環保的觀念日趨重視與強烈需求。基於此訴求，本校特別強調「水果和藥膳生食療法」，倡導飲療同源，將飲食習慣回歸自然才是徹底強化身體免疫功能、預防慢性疾病的根本良方。爲呼籲民衆多飲用健康無污染的飲品，應強調健康從飲食開始，鼓勵民衆身體環保DIY。

精力湯的組成材料與份量（二人份打成汁共500cc）

材料	份量	營養成分
石蓮花	1.0oz	維生素B_1、B_2、D、E，蛋白質，有機酸
地瓜葉	0.5oz	維生素D、E，抗菌素、單寧
麥芽草	0.5oz	維生素A、B、C
苦瓜	1.0oz	維生素B_6、C，葉酸、菸鹼酸
哈密瓜	1.0oz	高量的維生素A、C及纖維素
蘋果	1.0oz	維生素A、C蘋果酸、酒石酸、班多生酸、枸櫞酸
奇異果	0.7oz	維生素A、C、鈣、磷
芭樂	1.0oz	維生素A、B、C、鈣、磷、鐵
檸檬	0.3oz	維生素C、檸檬素、草酸鈣、果膠

依據陳文聰老師分析，「精力湯」是由多種民間日常可見的藥草，再綜合水果榨汁而成，這些日常可見的蔬果藥草，都是我們體內環保的小尖兵，對人體內具排除體內毒素與多餘脂肪，對降低膽固醇、清除腸胃廢物，尤其具有減肥功能，是現代人的最愛。

由於精力湯是藥草蔬果，除了蔬菜本身就有增強體力、加速體內新陳代謝之功效外，更可增強身體免疫系統、預防疾病產生，同時對清肝解毒以及不必要的脂肪，以達減肥的效果，因有藥草之成分，更可改善多種慢生疾病或病症，如腰酸背痛、便秘等。

本校除鼓勵全體師生能多飲用精力湯外，同時呼籲社會大眾重視體內環保，而日常飲用不失爲一種強身漸進之道。唯對於身體較爲寒性體質的人，可以再斟酌增加一些堅果類材料，數量與堅果種類，悉依個人喜愛與口味而定。

（本文刊載於八十八年三月三十日《自由時報》）

防弊重於興利的新採購法

新採購法訂本月廿七日起實施，但迄今仍無整套周詳的施行細則，造成執行單位無所適從與不便。綜觀該法八大章一一四條的內容，自始至終所顯示的涵意是，防弊重於興利，重重限制勢必影響行政效率，失去競爭力，值得政府重新審慎檢討。

依新採購法規定新台幣十萬元以上工程、財物之招標採購皆須刊載採購公報或政府招標資訊網路上。若依該法所指適用範圍之公家機關，何止數萬單位，公告招標期又規定要三日以上，不但會造成網路不勝負荷而大塞車，也深深影響施政時效及成果。

依現行績效預算法的規定，若預算執行落後，機關主管及會計、總務人員要受處分，但在預算執行過程中，偏偏會遇到諸多繁瑣法定手續的牽制與束縛而感到無奈。例如年初行政院主計處之公告，公家機關之個人電腦、公務車、影印機、投影機及冷氣機等，要由中央信託局集中採購，而申購時間每年僅限二、七、十月三次，實施結果則發現價格較貴又不能配合機關所訂工作進度之需要，績效大打折扣，可謂「勞民又傷財」，事倍功半。

十萬元不是大數目，但若依新法之作法，卻帶來很多麻煩。依據經驗法則，以往小額工程或財物之招標採購，每一公家單位慣於物色殷實商家作爲來往對象。不但爭取時效，日後之維護服務也較方便。今後若透過網路，極易招徠無數良莠不齊的廠商，造成惡性競爭的搶標，難保品質的下降及日後維護之困難。

任何制度之可貴在於可行性及時效性，爲發揮效能，授權與稽查可並重。當下政府高唱「小而能」及「權力下放」，目前看來，諸多措施不但未見鬆綁，反而越綁越緊，導致行政運作不便，庶幾成爲「行動內閣」之反諷。

（本文刊載於八十八年六月十日《民生報》）

體檢時刻的頓悟

一般人對於「健康是寶，平安是福」這句話，大都能琅琅上口；但，證諸他們所作所為，與此相背者卻不在少數。個中，有的生活欠缺規律，自我糟蹋身體；有的飲食無度，吃出毛病；有的作奸犯科，身繫囹圄；有的逞快飆車，危及生命等等不一而足。由於人有「不見棺材不流淚」的劣根性；因此，有人認為若能走一趟醫院急診室或參加一場告別式，或許就可喚醒他們注重養生的意識與珍惜眼前的安穩。

日前赴台大醫院作健檢，一同受檢者大都是監委、立委及高階公務員。在等候護士召喚，準備進行高難度胃鏡及直腸鏡檢查項目時，或因害怕過程的痛苦及檢後的不良結果，在虛驚心靈交煎的情境下，有人表現出對人生一副已然頓悟的模樣，口出諸如：「名利身外物，健康最重要」、「健康是整串數字的首位數，沒了頭接著再多幾個零都沒意義」、「這次健檢若O.K.，今後少應酬」、「留得青山在，不怕沒柴燒」乃至「願將此生餘力奉獻公益事業」等話語，句句宛若充滿智慧的肺腑之言。只不過，事後回到實際生活的原點眞能兌現者，又有幾何？

曾經在台南縣西港鄉信和寺發現，在其質樸的白牆上，襯托著一首相當顯眼的醒世打油詩：「紅塵名利色三關，賺得凡夫晝夜忙，累到頭來無別事，滿腔苦痛訴閻王。」彷彿刻劃著，由於受到功利思潮的籠罩瀰漫，大家追逐物慾而忽略周遭的人事物，往往流於只會工作而不懂得生活，這是何等可悲的事情？有朝一日，倘能眞正領悟到，除了自求多福之外，也該尊重並關懷他人，庶幾，才有可能成爲「人上人」。

（本文刊載於八十八年六月十六日《自立晚報》）

體內環保的尖兵

——回春水

這幾年來歐美營養家不約而同的指出，生機飲食對人體不但有防癌功效，還有加強免疫力、促進新陳代謝並防止細胞老化的功能。尤其是現代人經常在不知不覺中，使用過多的化學製品，加上忙碌緊張的生活，缺乏每日基本的適當運動量，使得多數人營養過剩、體內堆積過多不必要的質素，導致身體免疫功能減退，產生許多文明病，因此，不光是地球村要環境保護，人體也要拒絕污染、回歸大自然。

不容否認，生機飲食是現代人食療的新主張，當下正是勁爆時機，國立高雄餐旅管理專科學校推教中心主任、也是國內調酒界翹楚的陳文聰老師，繼「帝王級飲料——龍鳳汁」及「活力的泉源——精力湯」廣受各界好評之後，爲因應潮流，提倡健康新觀念，並迎合二十一世紀環保多元化的新訴求，搶「鮮」再度熱力推出「體內的環保——回春水」，提供各界參考飲用！或可爲您排除累積多時的宿便，更可清除體內沈積已久的毒素，加強免疫力，加強促進體內循環，使得身體清新彷如回春。

一、成分

回春水主要原料：一人份，1oz=30cc

材料	份量（oz）	營養成分
蘋果	2	A、C、B_1、B_2及鈣、鈉、鎂、鐵
小麥草	1	維生素A、B、C
牛蒡	0.25	鈣、纖維、維他命B_1、B_2、C及鐵、丹寧酸
百香果	0.25	醣類、蛋白質、脂肪、維生素C
馬鈴薯	0.25	糖類、澱粉、蛋白質、維他命B_1、B_2、C及礦物質鈣、鐵、磷
水	4	

二、功效

回春水具有利尿、整腸治便祕、滋潤肌膚、補血、改善敏感反應的體質及止血的功能，它能夠有效阻礙膽固醇的吸收，對於癌症、愛滋病、肝炎病毒非常有效，另外還有預防和恢復疲勞、增強體力的作用。

三、做法

一、先將牛蒡及各式水果用冷水洗乾淨。

二、去皮去子取果肉，並分開榨取果汁。

三、最後依順序將果汁混合在一起，再行過濾，即可食用。

四、冷藏後口感更好。

※蜂蜜可依各人喜好酌量加入。

（本文刊載於八十八年六月二十一日《自由時報》）

練功強身的經驗分享

——兼介十全氣功

久聞由教育界退休轉往國術界傳道的氣功大師黃明男先生，由於他對氣功的獨特見解及高深造詣，自創「十全氣功練習法」，創立以來深受國術界的重視與認同肯定，以致迄今拜在黃大師門下學藝的門生數以千計，強身袪病之口碑載道。旋經摯友紀安邦兄之引介，正式受教於黃大師門下，練功三個月來頗有心得與收穫，爰將經驗分享給有意練功強身的同好，並將十全氣功的內涵介紹一下。

十全氣功是以中國傳統醫學為理論基礎，結合了佛家禪靜，道家練功、修身養性的哲理，運用吐納導引之術，以天人合一思想為最高指導原則，來修練身體，活絡五臟六腑，促進健康。換言之，是一種動靜相結合的功法，是一種內外兼治修身養性的功法。

勤於練習氣功者，所要追求的目標是「內練精氣神，外練筋骨皮」。十全氣功正是可以結合兩者相兼的練法，外動而內靜，外靜而內動，相互爲用，相得益彰，能促進血液循環，具有淨化血液的功能，加強體內新陳代謝，使渾身精力充沛，氣機通暢，進而氣沖經脈全身氣動，打通了體內任督兩脈，奇經八脈，達到「有病治病，無病強身」的效果。

正由於十全氣功異於一般氣功，而非拳打腳踢的外功法，是動靜互爲配合的練功法，是故經過黃大師指點練就之後，只要日常稍加複習保持原氣，就不會隨著年齡的增長而衰退。因十全氣功之柔溫兩性兼備，不論男女或體質強弱者皆適合鍛練，這也是爲什麼它深受歡迎的原因。

隨著工商社會發達，帶來生活的忙碌與緊張，使得現代人「忙於工作而忽略健康」。十全氣功的練習並沒有時間、地點及環境的限制，只要每天花個三十分鐘的時間，正可符合「練功生活化」之需求，認眞練功三個月後必有顯著的效果。

坊間氣功班林立，媒體廣告五花八門，令人眼花撩亂。筆者因深感十全氣功沒有江湖氣息，也沒有市儈的商業習氣，是一個正派練功的團體，值得推介。

（本文刊載於八十八年七月七日《中華日報》）

現代愚公的無私奉獻

——兼述余烏龍先生開山闢道的甘苦事蹟

近日南部一連串的豪雨，洗滌了平日積累的重重污濁，使得高屏山巒間的樹容爲之青翠不少，似乎又洋溢著無限的生機。在此生氣蓬勃的時刻，十全氣功班由大師黃明男先生率領，師生一行赴高樹鄉的大津瀑布灌頂充氣，就在瀑布的右山腰造訪了遠近馳名的「龍園」主人——余烏龍先生。

甫自澳洲返國的他，但見精神抖擻，神采奕奕，看不出有絲毫旅途的勞頓。余先生面帶樸質純厚的笑容，親切地接待招呼訪客。大夥在客廳觀賞大愛電視台爲他製作的傳奇故事，隨後，他陪我們循著自己胼手胝足、獨力開闢的環山步道蜿蜒而行，一路上聽他娓娓述說開山闢道的心路歷程，打從心底無盡的感佩。這除了是他熱心公益的感人事蹟外，更重要的是他從中體現了難能可貴的社教功能。

話說余先生的奮鬥過程並非一帆風順。在他十七歲那年失怙，其母悲痛逾恆而出家。他則當過學徒，吃過頭路，開過工廠，皆備嚐艱辛。後來從事魚貨蔬果生意買賣，由於勤奮信用而得意商場，成為一位殷實的商人。四十二歲時，出家在外的母親因罹患癌症遽然而逝，讓他深感人生無常。既而回想當年有意遁入空門之際，文印法師給予「與其出世，不如入世從事公益，增修功德」的開示，於是歷經七年時間走遍各地山區，為的是要「為眾生開闢一片花園淨土」。經過鍥而不捨的努力覓獲現址，取名為「龍園」，從此展開「篳路藍縷，以啓山林」的善行義舉。

十三年來，他的善行義舉可以從兩大主軸予以概要介紹：

第一、成立青苗中心，培養樹苗送給學校機關團體：他以近七十公頃的山坡地大量培育各種樹苗，分送給高屏區各級學校及機關團體，就連空軍航空學校甚至遠在嘉義的南華管理學院，也都承其惠贈樹苗綠化校園。他在捐贈樹苗之餘，還協助指導種植及管理的方法，並不時抽空到接受捐贈樹苗的學校及機關團體巡視，看看樹苗有否受到妥善的照顧順利成長。受贈單位對此熱心關懷，著實深受感動，莫不格外的呵護照顧這些「來之不易」的樹木。余老先生「視樹苗如子女」，當他看到捐出的樹苗日日成長，內心的喜悅滿足不在話下，對於著有績效的單位更會繼續捐贈，助其加速綠化美化。迄今為止業已捐出數萬株樹苗。

第二、在私有林地開闢登山步道造福人群：從山麓到海拔四百多公尺的山頂，他獨力出錢出力，自己拌水泥舖設登山步道，供遊客攀登步行，由於水泥道路基礎厚達三十公分，非常紮實，路面刻意粗糙止滑處理，又留有坡度以便排水，加強水土保持。而沿路所植林木花卉，大都標示名稱，使得遊客爬山時既能運動健身，更可順便認識花木，增廣見聞，可謂一舉兩得。

令人印象深刻的是，山上未設垃圾箱，但卻看不到果皮紙屑之類的垃圾，潔淨無比。原來是遊客上山時皆獲贈一只垃圾袋，下山時順便帶走。遊客們大都能體會余老先生的一番良苦用心，彼此合作共同維護山區的清新環境。

當然，正如所謂「一樣米飼百樣人」一般，部分缺德的人士未能感念私有林區開放給民眾使用的德意，竟在林區烤肉炊食，既容易破壞地貌弄髒地面，萬一引起森林大火，其危害之大更是難以想像。所幸感恩圖報的大有人在，不但捐獻掃帚並參與打掃步道，共同清潔，甚而在沿途之蓄水池水泥壁上繪畫及書寫醒世勸善的良言，藉此提升並充實人們的心靈。大部分山友遇到余老先生總是親切招呼：「烏龍伯！鋪橋造路給人走，功德無量。」余老先生一貫以「大家健康，平安快樂」來回應，和眾人慷慨分享之情溢於言表。

社會畢竟是溫暖的，大家對於余老先生憑一己之力，刻苦力成，無私的奉獻，早已給予極高的評價，李登輝總統的尊翁李金龍老先生爲此曾於生前專程赴「龍園」致意。他的子女曾經勸過兩度中風又已高齡七十一歲的父親，就此打住，不要再勞累，但拗不過父親行善的執著而共同參與付出，就連跟隨他的秘書林翠蓉小姐也忙得「無時間結婚」，在在贏得社會的肯定與尊敬。

從「龍園」俯瞰有「小桂林」美稱的高屏平原，益發感受余老先生選擇良地的獨到眼光，尤其他默默行善，實現「營造人間天堂」的崇高理想，從而擴大實質社會教育的價值，必將深深烙印在人們的腦海中。

（本文刊載於八十八年七月三十一日《民眾日報》）

看出感情的報紙

以「無黨無派，獨立經營」爲號召，在戒嚴時期威權統治時代，新聞自由受到極度箝制之下，《自立晚報》卻能善盡社會公器，時有別報不敢報導的政治禁忌訊息披露，此一不畏強權的辦報精神，使得熱愛民主自由的人士，受到無限的鼓舞與激勵。另以宣揚本土文化爲宗旨，強調台灣意識爲目標的編輯方針，秉持「倡導言論自由，發揚本土文化」兩大主軸的辦報立場，儼然成爲獨樹一格的報紙。

與《自立晚報》結緣已有三十多年的歷史，長時間的閱讀，日積月累，無形中建立了濃厚的感情，尤其是從讀者變爲作者的過程，更是心情轉折，格外關係密切。起初是偶爾振筆抒發在教育工作上的心得而已，後獲誼屬同鄉的摯友吳豐山兄的鼓勵「大專院校校長大都惜墨如金，難得你有心分享教育工作經驗，不妨多寫一些」，於是從「自立論衡」、「晚安台灣」、「自立講台」及「本土副刊」等皆有所參與，這種既是讀者又是作者的雙重身分，讓我有種濃得化不開的情感，雖不敢高攀自詡是「自立人」，至少是「一路走來，始終如一」的自立忠誠熱愛者。

承乏校務已近三十年，平時繁雜的行政工作，迫使僅能將數份日報快速的翻閱一下，直到下班後，第一件家庭作業就是捧著《自立晚報》，從頭到尾盡情的端詳閱讀，從中吸取各種最新資訊與知識，看報之習慣如此，因而變成了豐富生活中不可或缺的一部分。今欣見報社重整，精英歸隊，再執輿論之牛耳、大放異彩乃指日可待之事，值得吾人寄予厚望。

（本文刊載於八十八年八月二十九日《自立晚報》）

訪大師，談養生

自教育界提早退休，轉往國術界耕耘而精研氣功的黃明男大師，自創獨特的「十全氣功」，因易學又可強身補氣，口碑傳頌遐邇，門生數以千計。黃大師儘管日常工作非常繁忙，要教氣功又要著書立說，但精神弈弈，體健氣足。為此，特商請其將養生之道分享大眾，大師欣然慨允的娓娓道來：

「談到養生之道，必須要先了解『生』之涵意。生包含了靈魂與肉體的雙重意義，也就是指人類的生命是由靈魂與肉體組合而成的。靈魂源自於本體，自性本體來自於宇宙大本體，而肉體則是由土、水、火、風四大組合的自然形成。因此談養生必須靈魂與肉體兼顧，人才得以過的健康快樂、長壽自在。現今社會，盲目崇信西醫學，蔚為一股風尚；但是，根據醫師公會對所屬會員所做的平均壽命調查，卻發現外科醫師的壽命短於內科醫師，且醫師壽命比一般人少十幾歲。最讓人驚訝的是『不少醫師死於自己所專長的疾病』。有些人病得很重，中西醫卻找不出病根所在，只因為其病在靈魂上。由此可見，人們若想用有限的科學知識，來解釋宇宙生命中之奧祕，是不可能的。

再者，人的肉體既是由土、水、火、風四大組合凝聚的自然形體，這就明示肉體來自於自然，因此人要想活得健康快樂、長壽自在，必須要合乎自然、順乎自然！任何人定勝天、違背天理——自然法則的一切行為，都是走向自然滅絕。野生動物不懂科學、不懂醫學，而族群卻繁衍興旺；反觀今日，倒楣的野生動物，被人類抓來當寵物，享受現代化文明，物種反而瀕臨絕滅。牛羊一輩子只吃草不吃營養品，但是體格壯碩，牛羊乳被視為營養品。他們一輩子不刷牙，卻未曾見過蛀牙掉牙之類的事情發生。目前，高血壓、糖尿病、腦中風、癌症等慢性病，已不是老年人的專利，年齡層的逐年下降，業已危及青少年孩童的健康。舉目所見有病治不好，醫院人滿為患的情形比比皆是，導致醫院愈開愈大，越蓋越多，何以故？聰明的現代人，該省思的時候到了！否則二十年後再找不到可當兵的人了。

現代人談養生、要健康，就得行自然之道，茲提供個人養生方法做爲參考：

一、在飲食上

多吃有機青菜、水果等鈣離子含量高的鹼性食物。對於甜食、飲料、精緻食品、速食品、高蛋白物質則要少吃，以免讓這些食物在體內轉機爲強酸，成爲酸性體質，自此種下萬病之源的禍根！平時多喝經衛生處理過的生水而少喝開水。因爲生水是活水，是上天用來涵養宇宙萬物之寶；開水則是死水，若用開水來澆有生命力之花草及養魚，花草及魚兒遲早會步向死亡的道路。

二、在生活上

作息宜正常，且多留點休閒時間給自己，恒常保持心靈的寂靜。喜、怒、哀、樂、愛、惡、慾七情要取得一個平衡點，過分的牽動七情，會引進一些逆氣阻滯氣道，帶來氣滯自瘀而心神不寧，這是養生大忌。平日若養成練氣功的習慣，把它當做是種休閒，即能清心寡慾。每日花上區區三十分鐘時間來練功，既能擁有健康又可獲得快樂，當然值得。若工作確實太忙，那麼只消五分鐘，讓氣機在體內運行游走一番即可。畢竟練功不但能強化體內二大免疫系統，且能擷取宇宙間用之不盡、取之不竭的能量，用來補身，使人返老還童，永保健康。總之，練功生活化，心中恒存練功之念，且念念相續，那功力與健康自然永不衰退。

三、在精神上

要做到形神合一、性命雙修。在日常生活中意念存神，練功中靜養調神即形神兼練，以調神養神來達到修身、健體、長壽的目的。所以練功者一定要正心誠意修身養性，來陶冶性情涵養道德，從而實現自己的理想抱負和成就自己的志業。性命雙修即性功與命功雙修。性功就是靜功，主要是以意識養神爲主，藉此達到修養心性涵養道德的目的；命功就是動功，主要是以練精化氣強壯筋骨爲主，使能達到強身健體的目的。性命雙修指的就是動靜要兩相結合。顧名思義，靜功是以靜爲形，練功時形體幾乎不動，像行大、小周天、達摩抱氣、帶脈通氣……等，不管站、坐或臥，一切均以意練眞氣，陶冶性情，因而外靜而內動；動功是以動爲形，練功時形體動，以之內練精氣神，外練筋骨皮，如同自發動功、太極拳、形意拳、古代的導引術……等，外動而內靜一般。」

朋友！以上一席養生有道的精闢嘉言，確是你我忙碌之餘所該深思的課題。當然，就在深思的同時，可別忘了身體力行唷！

（本文刊載於八十八年九月十六日《中華日報》）

學會和身體溝通

前些時候，素負盛名的營養學專家楊乃彥博士告稱，德國現在流行一種健康新主張——Body Communication（姑且譯爲「身體溝通」）的功法，聞後覺得很新奇。日前，筆者正巧赴德國考察雙軌制的技職教育，從而得以一窺究竟。在德期間，目睹「身體溝通」幾乎變成舉國風行的全民運動，成爲德意志人民日常保健強身及修身養性不可或缺的一環，個中精髓，委實值得推介。

所謂「身體溝通」的操作過程如下：早上睡醒起床前，雙手摩擦至發熱程度，之後從頭髮、耳朵、眼睛、鼻子、嘴巴、喉嚨、五臟六腑順沿至腳底，每一部位稍加壓力觸摸。其中，最重要的關鍵點是，每當觸壓某一部位時要「默念它的功能及對它表示感謝」，例如觸摸眼睛要默念稱頌：「你是靈魂之窗，沒有你就看不見世界上美好的事物」……依此類推。俟全身「摸透透」時，整個身體將為之血氣活絡，精神抖擻。

此種操作手法簡單易行，人人都會；不過，重要的是必須要有耐心，持之以恒，才能見效。若是早上趕著上學或上班，晚間睡前也可以作，一天一次就夠，多了也無妨。

語云：「身體髮膚，受之父母，不敢毀傷，孝之始也。」眞正與我們生死相依，片刻不離的是自己身體的器官，但，我們不妨捫心自問，可曾對與自己朝夕相處的器官，持續不斷且未曾懈怠的為它們善盡職責維護我們寶貴的生命，而心存感念進而善待它們？

其實，此一健康新主張最重要的意涵，在於提醒人們不要遺忘或漠視器官的功能，必須時時刻刻感謝它們夙夜匪懈的盡職才能使人活命。果眞能如此，自然而然會珍惜自己的身體，而不會作出諸如：酗酒、暴飲暴食及飆車等既危險又戕害身體的舉動。

除此之外，當然還可藉此進一步予以擴大引申為：由對自身器官的感謝，將之轉化爲對周遭事物的感激，進而讓無數感恩的情愫得以洋溢在我們所處的溫馨社會中。

（本文刊載於八十八年十月五日《中國時報》）

口水乃是長生液

自古以來，養生專家即視口水津液爲健康的重要源泉，因此將口水神化昇華，賦予它以「金津玉液」、「瓊漿玉泉」等甘霖美名，此舉無異是將平常「取之即得」極其稀鬆的口中分泌物，奉爲長生不可或缺的人間至寶。

現代醫學研究已經證實，口水津液含有豐富的水分、酵素、維他命B、蛋白質、胺基酸、鉀、鈣以及澱粉等多種有益人體的成分，並具有消炎、解毒、助消化及潤肌減肥等多項功能。依據美國喬治亞大學醫學專家進一步研究的結果顯示，會致癌的黃麴毒素、亞硝酸鹽若與唾液接觸三十秒後即會稀釋抑制；換言之，唾液有很強的防癌效果，也是天然的抗癌劑。除此之外，又因其具有消除從氧氣和食物中產生對人體有害的自由基，且所含溶菌　可殺滅病毒和細菌，因而口水不但是身體可自製自備的保健利器，同時也是養顏美容與護膚減肥的聖品。

然而，平常如何才能獲得如此神效的津液呢？其實一點也不難。所謂「垂涎三尺」，就是自然不過的方法：面對美食當前，切勿「狼吞虎嚥」或「囫圇吞棗」，致使津液來不及充足分泌；反之，若是把握「慢吞細嚼」的要領，既能從容品嚐，享受美食，又可使口水不斷滋生，以促進消化、清新口腔甚而讓口齒留香，眞可說是一舉數得。當然，還有另一簡易生液法，即持續「舌舐上顎」數分鐘，自可滿口生津，味如甘露。

記得水產食品營養專家陳聰松先生在其〈華池神水妙用無窮〉的文章中提到：「唾液養生法傳說爲西漢道人蒯京所創。該法是在起床後，立即鼓漱二、三十次，待唾液滿口後，分三口將唾液咽下，如此三次，稱爲三度九咽，名爲『食玉泉』。蒯京因『食玉泉』而膚色紅潤，牙齒堅固，享年一百二十多歲。」妙哉斯法！如此簡單易學，實在值得仿效推廣。

俗諺有云：「口咽唾液三百口，保你活到九十九。」唾液既有如此神效，又無須他求，只要人們每天依法炮製，持之以恒，自可永保健康美麗，何樂而不爲呢？

（本文刊載於八十八年十一月二十四日《中國時報》）

丟蛋抗議的反思

有一次在電視上無意中看到這樣一則報導：一位婦人到某家銀行辦事，因故與銀行員發生齟齬因而引起口角。婦人氣憤之餘，專程回家帶來幾箱雞蛋，並發動眾多親友向銀行丟擲雞蛋。頃刻之間，銀行門窗全是蛋液，從而流落至地面，蛋殼、蛋白及蛋黃雜亂交錯，狼藉不堪。睹此不堪入目的電視報導，內心感觸良深。

憶及四十年代的農村生活，筆者就讀初中時，因需在農忙時期幫忙農事，以致須每日騎腳踏車通學。當年就學期間，中午最好的便當菜就是雞蛋。所以每日期盼母雞下蛋，喜獲的心情如獲至寶。家母節儉成性，捨不得整個蛋煎成荷包蛋或蛋捲，總得摻一些蔥、韭菜、鹹瓜或菜脯（干）等，以增加份量。有時看到家母在打蛋時，少許留存在蛋殼內的蛋白，她都會再用手指頭去擦下剩餘的蛋白，此一景象，如今仍歷歷在目而印象深刻。更甚者，當母雞孵蛋時，她會定期查看，發現未受孕的雞蛋（俗稱無形的蛋）都捨不得丟棄，也用來作便當菜。撫今追昔，當下因經濟發展，生活水準提高，蛋雖已不是桌上珍貴的佳餚，竟然用來作抗議工具，別說是浪費，能吃的東西拿來丟擲，印證台灣俗諺「討債造業」，這種暴殄天物的舉動，委實值得大家痛切的省思。

聚眾抗議是民主開放的產物之一，但抗議的方式何其多，舉凡靜坐、拉布條或喊口號等等皆是，何苦拿蛋當作出氣筒。表達不滿是個人的權利，雖說抗議有理，但雞蛋卻是無辜，尤其妨害到別人的權利就欠缺了民主的素養及違背民主的原理。試想雞蛋灑滿牆壁地面，不但清理費時費力，影響公務進行，又造成別人進出不方便，如此付出的社會成本，難以估計。吾人呼籲，以理性的方式取代激情的演出，唯有如此，才符合民主政治的本質。

（本文刊載於八十九年三月二十日《自立晚報》）

如何營造選後的和諧社會？

由於憲法的修改，使得在總統選舉中獲得相對多數的候選人當選第十任總統。此次的當選人陳水扁先生獲票率僅百分之三九・三，換言之，超過百分之六十的選民不認同。面對此一情勢，陳總統如何展現政治智慧，化解因競爭而成的對立，撫平歧見及整合因選舉而崩裂的政治傷痕，委實是件刻不容緩的嚴肅課題。筆者認為宜從五方面著手：

一、用謙卑化解族群對立

在最後幾天選情緊繃時，國民黨黃復興黨部產生的中央民意代表公開召開記者會，並聲嘶力竭高喊：「眼看阿扁會當選，請問你甘心嗎？」如此激化族群意識，實是狗急跳牆的不當作爲。不可諱言，在台灣社會平時族群和諧相處，一到選舉就被提出來作文章，委實令人痛心。根據衆多輿論報導，此次選舉絕大部分的外省籍同胞，因不放心阿扁「台獨萬萬歲」的旗號，而將選票投給其他候選人，重演一年半前台北市長選舉的效應，如今選舉已落幕，身爲國家元首，應有具體作法展現誠意化解對立，除去外省同胞對陳總統的疑懼，將阻力化爲助力，全民一致擁護新政府推動改革。

二、以恢宏心胸容納不同政見

此次總統選舉的特色是，五組候選人的政見皆具獨特的見解，其中當選人的政見因受青睞接納而獲支持。「他山之石，可以攻玉」，爲免百密一疏，若能將其他候選人的政見，鉅細無遺的加以比對，擷取他人之長補己之短，使治國大政更見完整，新總統若能登門向其他候選人請益，更見豁達風度。吾人深信唯有全方位的施政重點，才能創造全民的福祉。

三、延攬不同黨派菁英

起初選民對民進黨執政缺乏信心之理由，在於該黨歷史僅有短短十幾年，黨中雖不乏較具宏觀的精英份子，但執掌國家大政畢竟不同於地方政府，須要龐大的優秀政務人才始足以組成堅強團隊推動政務。大家都心知肚明，民進黨獲勝的最大原因之一，乃來自李遠哲院長的感性號召，但僅少數的國政顧問還不夠，若能跨黨派的延攬各類人才，一可彌平黨派不滿，分配參與權力資源，另可借重長才貢獻心力。尤以總統日理萬機，掌握大政方針，唯有依賴堅強的陣容，才能協助總統施展政務，兌現對全民承諾的政見。

四、調適自我的人格特質

「鴨霸」是一般人對新總統陳水扁的印象，鴨霸所顯示的意涵是處事具魄力但行事獨斷。國家元首畢竟不同於地方首長，俗云：「坐大位，要有款式」，寄語正當盛年意氣風發的陳總統，能自我調適爲具有親和力、包容力而處事圓融的全民總統。很多人對陳總統之前僅具台北市長之行政歷練而擔心不堪擔任大任，其實，擁有優異的幕僚群，足可輔佐傑出的總統，締造輝煌的政績。

五、保持超然中立的地位

總統是國家元首，有其崇高的地位，故平時應謹言慎行，以免有損清譽，尤其以不參加政黨活動爲宜，以國家整體利益來做施政的考量，做一位全民的總統。

「阿扁」是台灣社會最親切的暱稱，他是純土種的「台灣之子」，憑他的力爭上游，強韌的能力，克服各種難關而登上總統寶座，這固然是他努力所得，也是全民的寄望。新政開始，若能順勢而爲，營造和諧穩定的社會，可能比快速改革來得重要。有此體認，俟全民凝聚共識後，再全力推展政務，創造政治奇蹟，是指日可待之事。

（本文刊載於八十九年三月二十八日《民眾日報》）

乾隆帝的養生與長壽

追求長生不老是人類至高的目標，個中尤以帝王皇君爲最。細數中國歷代皇帝，得最高壽者爲清朝號稱「十全老人」的乾隆皇帝。他不但活到八十九歲，在位更長達六十年之久（本可在位更久，因未便超過他的祖父康熙帝執政六十一年而退位）。由於他的健康長壽，乃得以創造不朽的政治盛世。

究竟他有什麼保持健康的秘訣呢？據史載，乾隆時時奉行「吐納肺腑，活動筋骨，十常四勿，適時進補」這十六字訣的養生之道，易懂易學又易做，在此謹就此養生要訣分述如下，藉供讀者參考：

一、吐納肺腑

一吐一納謂之調息，也即深呼吸之意。日常隨時可做，而黎明起床時尤爲最佳時機。

二、活動筋骨

俗話「活動」，要活就要動。依個人的體能不同而選擇各種有益身體的活動，藉以強骨健筋，增強抗病能力。

三、十常四勿

「十常」是：頭常梳，齒常叩，津常咽，耳常彈，鼻常揉，眼常轉，面常搓，足常摩，肢常伸，肛常提。而「四勿」即：食勿言，臥勿語，飲勿醉，色勿迷。

四、適時進補

身體恰如機械，善加保養維護必可運轉如常。人的身體也須適時進補滋養身體，藉以活絡經脈及強化五臟六腑。

根據醫學研究結果，證明遺傳基因對健康的影響有其概然性而沒有必然性。試以高壽的乾隆帝爲例，他的父親雍正帝因體弱僅在位十三年，而他的兒子嘉慶君也不過廿五年。由此可見，一個人長壽與否的關鍵，繫乎自身是否善於珍攝調理與勤加養生。

朋友，一年之計在於春，目前正值萬物更新風發之際，也是人體最佳養生健身之季節，凡有志一同者，何妨就從今天開始付諸行動？

（本文刊載於八十九年五月四日《自由時報》）

鍛鍊雙耳可以健腎補腦

中國醫學寶典記載：「腎主藏精，開竅於耳，腎又主骨，通髓海（通腦之意也）。」。又謂：「耳爲宗脈之所聚。」足見腎是「先天培原固本」之器官，而耳朵是腎之外竅。是故，平常加強對雙耳的鍛鍊，可以透過經絡暢通，來活絡全身器官，進而達到健腎補腦的目的。

至於雙耳要如何鍛練，才能發揮強身健腦的功效呢？在此謹提供幾項簡單易行的方法與讀者分享：

一、**雙手拉耳**

以右手先繞過頭頂，向上拉左耳，接著改換左手，以同樣方法拉右耳各三十六次。此一動作可以促進頷下腺、舌下腺的分泌，使喉嚨舒暢，防止喉頭炎的發生。

二、**雙手擦耳**

用雙手把耳朵由前面往後面摩擦，同樣方法，再從後面往前面擦揉來回各三十六次，發出「嚓嚓」的聲音。其目的在於刺激活絡布滿耳朵上的微血管，以之強化腎臟的機能。

三、**雙手撥耳**

俗稱「擊天鼓」。亦即將雙手掌掩住耳竅，並以食指壓中指於腦後骨上，左右各彈擊三十六次。聽到「咚咚」聲音。此一動作不但可醒腦，又可防止耳鳴及耳聾。

四、搓彈雙耳

雙手分別握住雙耳的耳垂，輕輕搓摩耳垂，至耳朵發熱。之後，揪住耳垂往下拉，再放手讓耳垂恢復原位，往回各三十六次，此一動作可以加速耳部的血液循環，裨益腎臟。

五、雙手灌耳

即以雙手掌摩擦生熱後緊密壓住耳竅，會聽到「嗡嗡」的聲音，約三至五秒鐘後，急速將手拉開，往回三十六次。此一動作之目的在於灌氣給耳朵，同時增加聲息的律動，對於清醒腦部、清楚思考有所助益。

由此可知耳朵布藏諸多血管穴道，但一般人除洗頭或洗臉時順便擦拭外，往往很少給予按摩刺激，使經脈活絡舒暢。若能於每日早晨起床後做一次（多次無妨，隨時可做），不僅可以耳聰目明，讓腦部思維敏捷，每天更可保持精神抖擻，意氣風發。如此保健之道，易懂易學又易做，你我何樂而不為呢？

（本文刊載於八十九年六月四日《自由時報》）

名人養生長壽歌訣錄

據報載，西安事變的主角張學良（暱稱張少帥），將於今年六月四日在美國檀島寓所歡度其百歲嵩壽。據報導，張將軍雖步履不便坐著輪椅，但「眼神炯炯，精神矍鑠」。筆者年前赴雲南昆明參加「兩岸文化學術研討會」時，因緣際會的在某一氣功雜誌上閱讀到一篇題爲「東北軍總司令張學良養生術」的文章，因生動有趣，爰予筆記留存。值茲其壽誕，特抄錄供讀者參考：

「心胸坦蕩，意志堅強。經常運動，鍛鍊身體。起居有時，飲食節制。養花讀書，修養心性。廣交朋友，心繫八方。」

無獨有偶，享年一○一歲的黨國元老張群先生，生前更自編了一首「不老歌」，流傳迄今仍被傳誦不已，其歌詞是：「起得早，睡得好；七分飽，常跑跑；多笑笑，莫煩惱；天天忙，永不老。」

又去年因公差住宿圓山大飯店，適遇陳立夫先生百壽華誕，在祝壽會場上，拜壽人潮湧至，趨前觀看，但見陳老端坐太師椅上，白髮童顏，精神開朗。會場分發其「我怎麼會活到壹百歲」的小冊子，個中透露其秘訣是：「養生在動，養心在靜，飲食有節，起居有時。物熟始食，水沸始飲，多食果菜，少食肉食。頭部宜冷，足部宜熱，知足常樂，無求常安。」

縱古觀今，那些能享長壽的人瑞，大都有自己一套的養生要訣，加上持之以恆，奉行不渝，從而得以達到祛病延年的目的。因此，有些健康專家針對長壽老人的生活方式、飲食起居及保養健身等，作了系統性的分析歸納與研究整理，綜合出保持健康長壽的「養生歌」。由於通俗易懂，寓意深切，又有押韻，引人入勝，特引荐介紹如下：

「早睡早起，鍛鍊身體；季節變換，及時換衣；煙酒嗜好，應當禁忌；選用補品，因人而宜；節制大葷，素食爲宜；食不偏愛，搭配合理；飯後散步，堅持有利；襟懷坦蕩，長壽無疑。」

總之，養生之道雖無一定之模式，但卻有軌跡可循。舉凡古今名人之養生秘訣，皆是寶貴經驗的累積，值得效法學習。然而，吾人也必須體認到，健康之法無他，唯有秉持一套自認可行之良好習慣，然後永不間斷的身體力行，始能致之。

（本文刊載於八十九年六月五日《中國時報》）

簡易撞背功法

享有台灣「經營之神」美譽的台塑集團盟主王永慶先生，雖已年逾八旬仍精神矍鑠，體健開朗，在其生平傳記中提到，他的保健養生法中，最主要的兩個項目是，毛巾操及撞背功。

撞背功方法簡便易行，茲介紹如下：

事先作一深呼吸之吐納調氣，使全神貫注，意念氣息集中於腰、肩及背之間。雙足與肩同寬，站立於平面牆壁之前，背部面牆，約相隔十六公分，左（或右，可輪流）腳上前半步，雙臂向前平舉，全身放鬆，步調一致後。身體後仰，在突然剎那間用背部撞擊牆壁，在接觸壁面的同時「哈氣」，大聲「啊！」，隨即借著撞擊的反彈力量使身體前傾。周而復始，反覆撞擊三十六次，每次都要哈氣，發出「啊！」聲，目的是排除體內濁氣。

若要撞擊下背部時，改變姿勢呈騎馬狀站立，上背適當前屈，兩臂下垂，重點意念放在下背部，同樣方法進行撞擊，力道可循序漸進由輕到重撞擊三十六次，仍須哈氣，發出「啊！」聲。

很多現代人生活緊張壓力大，導致精神萎靡不振，加上由於長期勞累，造成腰酸背痛，身體虛弱。撞背功正可活絡舒鬆腰背部肌肉及韌帶組織。只要每天作一次（多作無妨，飯後半小時後，隨時可做），持之以恒，奉行不渝，對健康必有助益，何妨一試。

（本文刊載於八十九年六月十日《聯合報》）

政治篇

政治家與政客之間

眾所注目的十二月份「三合一」選舉，已漸近短兵相接的階段，因此各候選人莫不卯足全勁作最後衝刺。由於新聞焦點幾乎集中於北高市長，使得立法委員及院轄市議員之競選格外顯得冷清。尤以市長選戰透過電視辯論、媒體大幅報導以及候選人之大量文宣，但見其所發表的政見，內容包羅萬象，令人目不暇給。個中不外針對選民的需求提出承諾與保證，一時間使廣大的選民受到無比的尊重與利多的輸送，咸感「選舉眞好」，從而憧憬甚至陶醉在「理想國」的美夢幻境中。

俗云：「吹牛不必打草稿」，候選人信口開河的大開選舉支票，無視於是否能兌現，或者到底是曇花一現式的兌現還是經久持續的實現。例如前一陣子炒熱的老人年金，最後無疾而終就是一個活生生的殘酷事實。職是之故，政治家與政客不同，兩者如何分際，筆者以爲可從左列三方面予以評鑑區隔：

一、目的與手段

有人說「政治是高明的騙術」，爲求目的可以不擇手段，不騙白不騙，蓋手段乃達到目的之最佳途徑，只不過政治家的一切作爲「是爲下一代」，而政客的所有作爲是「爲下一次選舉」。前者抱持遠大的理想，有時爲了實現理想而忍辱負重在所不惜；而後者爲了眼前的目的，不顧一切卑劣手段以遂其虛榮心與權力慾，甚至滿口仁義道德，背後狗皮倒灶。進而言之，政治家獲得權力的目的是當作實現抱負的工具，而政客則作爲政治利益的籌碼或仕途之墊腳石。

二、前瞻與短視

政治家的高瞻遠矚係按部就班而為，從事重犁深耕的植基工作。譬如：要提升人力素質及文化水準而大量設立學校；要促進兒童健康大量辦理營養午餐；要清新空氣美化環境而廣植花木；要提高生活品質而興建污水下水道等皆是。這些雖不是立竿見影的政績，但影響深遠，源遠流長。反觀政客為求立即表現，開始廣修路燈、舖設道路、興築橋樑等大興土木等，藉此增加能見度，甚至浪費鉅款舉辦飆舞、摸彩等虛浮活動，以討好「新新人類」，而無視於社會負面之教化。前者本著「前人種樹，後人乘涼」的遠大前瞻胸襟，而後者則持「短線操作，效果立現」的即興表演，其間之政治涵養及氣度格局之分野，良窳立判。

三、理想與實踐

凡參與政治競選者莫不滿腔熱誠，懷著「犧牲奉獻」的精神，一展個人的理想抱負；但完美的理想離不開主客觀的現實條件；換言之，「錢從那裡來」才是關鍵所在，畢竟再好的政策無充裕的財政作基石，一切均屬枉然。因此政治家的抱負施展，著眼於衡量周遭的各種條件，精打細算的開源節流，以落實可行之既定政策；有時因理想無法實現而掛冠求去，甚至因政策失當而引咎辭職，以示政治家之風範。至於政客，為譁眾取寵可以不計後果，濫開支票胡亂加碼，經過一陣燦爛的美麗泡沫，旋以中央不配合、議會抵制阻撓及當時評估錯誤等，加以搪塞推諉了事，此般政客為滿足權力慾而戀棧權位，「笑罵由他，好官我自為之」，空有理想卻不切實際、華而不實，惹得選民空歡喜一場，到頭來反而吃虧上當。

每逢選舉，候選人皆以「捨我其誰」而自我期許，更以「我不入地獄，誰入地獄」、「赴湯蹈火，在所不辭」的偉大情操，試圖取得選民的信賴。選民則把將來美好的生活遠景寄託在候選人身上，一捨一取，各獲所需，實乃民主政治的可貴。

眾所周知，民主政治離不開選舉，有好的選舉過程才能展現民主政治的眞諦。西諺云：「有什麼素質的選民，就有什麼水準的當選人。」面對眾多候選人琳瑯滿目足以叫人眼花撩亂的文宣，及種種令人心動的政見，選民如何在政治家與政客之間作一抉擇，就繫乎冷靜思考後投下神聖一票的那一剎那。

（本文刊載於八十七年十一月二十日《民眾日報》）

知人善任與所用非人

在當前一片熱鬧滾滾的選戰中，高雄市長候選人吳敦義無疑是近幾天來各種媒體的焦點人物，原因無他，一卷疑似「緋聞案」的錄音帶，讓原本知名度已然不差的他更因此而「聲名大噪」。正當傳播媒體也好，一般社會大眾也罷，幾乎全著眼於該卷錄音帶內容眞僞與否之際，筆者卻以另一角度思索問題：「知人善任」與「所用非人」之間的千差萬別，以及此一事件對社會教育之影響。

根據新聞報導，引爆此一事件的主角陳春生，不僅是這回出馬角逐高雄市議員的候選人，而且曾在吳敦義的身旁工作四年。據悉，原先兩人並不相識，當年陳向吳毛遂自薦，後者以「求才若渴」予以接納，這在人情壓力及關說充斥的官場實屬難得，吳市長還委以重任，安排其出任機要科股長乙職，無異將前者視為「心腹」，以為這是「知人善任」。而今高雄市長選戰正值「白熱化」當頭，吳反遭曾被自己視為「心腹」的陳，以極具殺傷力的手法自背後「捅了一刀」，此一有悖倫常的舉措，眞是情何以堪，此刻的吳敦義想必要為當初「所用非人」而感慨係之。

站在旁觀者的立場來看，姑不論陳的動機或整個事件的背景如何，其所作所為即頗有可議之處。首先，吳對他倚重之深，即便確有其事，基於人情道義，早該提供給吳參考，俾知所警惕。其次，陳一方面口口聲聲表示吳為人不差，待他不薄，另一方面卻又出此狠招，眞不知所為為何，令人費解。其實，政治是一時的，畢竟任何人躍登政治舞台的時間總是有限，而腳踏實地做人卻是永遠的。這當中，倫理、道德、情義等等都是為人處世所不可或缺的涵養；陳之令人難以苟同的地方就在於全然使出政治手段，而罔顧人情道義。

看來這一案例應給人們帶來一些啓示。對於政治人物而言，不能為達目的而不擇手段；否則，即有失做人的根本道理。對於機關首長而言，用人務需謹愼，注意其品德操守，方能眞正「知人善任」；要不然，一旦「所用非人」那麼其爲害程度實在難以評估。

（本文刊載於八十七年十一月二十八日《民眾日報》）

給阿扁幾句逆耳諍言

在台灣世俗的稱呼中，以名字的末字加上「阿」是代表親切的暱稱。早期老一輩的本省人稱呼李登輝總統爲「阿輝」，以示對李總統的疼惜；但其普遍度卻比不上全省大街小巷男女老少皆能瑯瑯上口的「阿扁」。尤其自阿扁落選後展開的全省巡迴感恩晚會中，熱情的民衆不但未以「成王敗寇」論英雄，反而給予熱烈溫馨的鼓勵，這種超人氣的沸騰民心流露，對於善於凝聚民氣的阿扁而言，當然了然於胸會加以珍惜把握。

回顧阿扁的從政之路並非平步青雲的順遂，如過去即有競選台南縣長失利的經驗，加上太太又遭車禍致殘，雖有立院問政犀利的獨特表現，及北市主政四年的亮麗成績，但此次市長連任又慘遭「滑鐵盧」，這一連串的顛簸崎嶇可視爲是對一位政治菁英的淬鍊。有鑑於阿扁是位難得的政治人才，基於「恨鐵不成鋼」的心理，願提供幾點忠言與阿扁共勉。

一、沉潛內斂，虛懷謙讓

身爲民意代表扮演咄咄逼人、追根究底的問政角色，必可贏得民衆喝采；但對官員之適當尊重，則更能塑造厚道風格。一旦轉換爲行政官，有時爲了高瞻遠矚的政治理想，甚至要學會忍辱負重，委屈求全，才得以實現抱負。阿扁的直腸子、口無遮攔以及民代與官員的角色混淆是其致命傷。此次敗選想必會「經一事，學一智」。近日，阿扁在面對廣大群衆勸進競選總統，甚至高喊出「陳總統」時，未露其驕氣而以一句謙虛內斂的詞句——「愛我就不要害我」因應，已然大有改善；畢竟鋒芒太露容易遭忌。阿扁一直強調要休息一陣子，「休息是爲走更遠的路」，但願在休息期間更能清修自明，更加學會虛懷若谷。證諸此次市長保衛戰中，執政的輝煌成果被忽略不打緊，竟然還被對方以太強勢又蠻橫狂傲的「鴨霸扁」攻擊，竟然發酵了相當程度的效應。足見目標可以鎖定，只不過達成目標的手段卻可較有彈性靈活。所謂：「滿招損，謙受益」，誠然是一句值得參考的名言。

二、拓展國際視野以養望

台灣國度雖小，但一靜一動仍爲國際所注目。作爲「明日之星」，眼光要放遠，心胸要開闊，須先拓展國際視野以培養國際宏觀。阿扁因未留學國外，以致外語不夠「溜」，日後應多加強進修，藉此博覽群書增進外來學識，將來始足以與外國政要充分溝通來往，建立外交情誼。此外，對於國際形勢的掌握、世界金融風暴及兩岸關係等重要議題，也都應有深入的研究觀察。台北雖是首善之區，畢竟還屬地方層次；因此阿扁單有主持一屆台北市政的經驗仍嫌不足，將來作爲國家領導人，國際宏觀乃是不可或缺的涵養。當然，國際事務的了解絕非一蹴可幾，因此趁早修習，日積月累，屆時必可水到渠成，盡情飽覽世界之窗。

三、相機為「老番顛」向總統道歉

在第十二屆縣市長選舉期間，阿扁給民進黨候選人輔選站台，所到之處萬頭鑽動、所向披靡，在意氣風發得意忘形之際，竟然口出諸如「老番顛」、「食米不知米價」及「提報為失蹤人口」等對國家元首不敬之語句。此一「前科」導致在台北市長競選電視辯論中，遭受馬、王兩位對手之連番夾擊，雖然阿扁閃爍以避，但對選情確有負面影響。

在一個素重倫理道德的社會裡，長幼尊卑分際清楚，豈容對老人家罵此刻薄惡毒的話語，更何況是加諸在經由全民選出的總統身上？換言之，對總統不敬，不啻對所有總統的「頭家」不敬。「李登輝情結」在中南部基石甚為堅固，頗具眾望，絕大多數民眾對這些侮辱總統的話不敢苟同。可以預見二千年總統大選的決戰點必落在中南部，奉勸阿扁為「大謀計」，宜相機針對此一失言的舉動，眞誠向李總統表示歉意，此舉既不會有失身分，更能展現大丈夫能屈能伸之風，如此開闊的氣度，深信不但可獲李總統之釋懷諒解，同時尤能獲得更多民眾肯定與認同。

（本文刊載於八十七年十二月十八日《民眾日報》）

忽聞岸上踏歌聲

——惜別吳市長並壯其行色

正當三合一選舉開票接近尾聲之時，各地傳來告捷之消息，國民黨在新建宏偉堂皇的大廳擺滿香檳及橘子等預備大肆慶功一番之際，據報載，李主席遽聞高雄市長吳敦義落選而悻然離去。吾人當可理解並能體會李主席當時所持「贏贏緻，跋甲輸輸去」的失望心情，連「一路走來，始終如一」的死忠支持者，也錯愕良久，莫名所以。讓大家疑惑不解的是，吳市長在高雄市認眞主政八年，還選得這麼辛苦，最後竟告敗選，市長本人及市府團隊實有深加檢討的餘地。如今，吳市長卸任在即，謹綴數語，藉表依依惜別之情，並壯其此去之行色。

一、釋懷沈潛以備走更遠的路

原來競選班底的親密戰友陣前倒戈，琵琶別抱，及選舉關鍵時刻忽傳同志扯後腿等都是落敗的相關因素。諸如類此現象，說好聽一點是，理念不同「合則來，不合則去」；說得現實一點是，本來政治就是「因利益而結合，因衝突而分開」的權謀產物，不足爲奇。因此，奉勸吳市長不必太過耿懷、罣礙，一時的跌倒並不代表一蹶不起，證諸中外古今，比比皆是。被尊崇的蔣老總統也有下野的鬱卒紀錄，超人氣的陳水扁照樣落選，第二次世界大戰的英法兩位偉大英雄邱吉爾與戴高樂也有「酒店打烊就走人」的歲月，但這些「失根」時段並沒有阻礙他們東山再起、追求鴻鵠的干雲豪氣，從而影響他們崇高的歷史地位。重要的是藉此毫無牽絆的「空窗期」，韜光養晦，沈潛內斂，自修清明，充實提升肯定自己，從而養精蓄銳，以期他日再展鴻圖。

二、凡是走過的必留下痕跡

吳市長之値得令人敬佩的是，不因選舉而失去「良知」的從政風格，只因他有自己的堅持與追求。競選期間他大可一口答應紅毛港遷村居民的優渥補助費及低價出售草衙違建土地，而不管政府權益受損，以爭取選民的好感。他也可以辦一些浮誇表面的活動，討好特定的民眾，以增加曝光率與能見度。但他捨此而他就，反而默默著力於維護確保學童健康的營養午餐，補助就讀私校的學生，並大量更換表面上看不到的地下老舊水管，爲了洗刷港都是「文化沙漠」的惡名而大量推展文教建設，他打破了前所未有的縣市長在任內新建四所公立大專院校的耀眼紀錄，其中還包括譽滿國內外之「世界第一、全球最大」的觀光專業學校——高雄餐旅專校。爲了改善工業都市的清新空氣，任內大量種植的五百多萬棵樹，三、五年後，假如吳市長有機會舊地重遊港都時，深信必定可感受到「前人種樹，後人乘涼」的寬闊情懷。更可體會到清代名官龔自珍己亥雜詩中「落紅不是無情物，化作春泥更護花」的豁達心境。

西諺云：「生命中若有什麼遺憾，絕不只是爲了要挫傷，而是教人要懂得珍惜。」有道是「政治是一時，做人才是永遠的」，從政者應有此一認知及起落興衰的心理準備。政治人物當紅時，過慣了萬眾簇擁而一呼百應的榮耀日子，只因手握豐富的資源與迷人的權力；有朝一日失去了舞台，手上已沒籌碼，門前車馬稀，落寞的時日或恐難捱，此時友誼與親情便彌足珍貴。吳市長曾自我期待「五十歲想有另一段人生的規劃」，夙願得償，他日鐘鼎山林，怡然自得，當可「自由自在」。

附註：本文標題引自詩仙李白「贈汪倫」詩作中之「李白乘舟將欲行，忽聞岸上踏歌聲，桃花潭水深千尺，不及汪倫送我情。」

（本文刊載於八十七年十二月二十四日《民眾日報》）

整飭治安始自速審速結

——從陳進興犯罪定讞遲未槍決說起

延宕年餘轟動社會的犯罪大魔頭陳進興，日前終於業經最高法院判決三個死刑定讞。雖其中白曉燕撕票案及方保芳診所三人命案發回高等法院更審，但依司法實務作法，死刑確定的案件只要經過最高檢察署審核確認，呈報法務部長核准後，就可執行槍決。因爲法律並無明文規範，任何死刑確定但尚有他案未經確定不得執行的規定。

據報載，法務部長城仲模傾向暫緩執行，理由是發回更審的兩案與陳進興有密切的關連，若即予槍決，將來審理兩案時「死無對證」，恐留下無法釐清眞相的遺憾。吾人對此說法實不敢苟同，而認爲確有商榷的餘地。蓋犯案發生己年餘，難道這麼長的時日還不夠查辦釐清嗎？問題是，假若陳進興曲意袒護其妻舅張志輝及妻子張素貞的行徑，而「吃罪一肩挑」，拖延再多時日也屬枉然。

回顧白曉燕命案發生以來，造成社會之震盪不安，員警之喪命損傷，無辜婦女之慘遭凌辱及方大夫等三人之枉死，可謂社會付出了極高的巨額代價。每當看到白冰冰女士含淚的控訴及閱讀到慘遭強暴失身的十五歲純潔少女「寧願先死，化作厲鬼纏身報復」等不忍卒睹的報導時，令人潸然淚下而義憤填膺。尤其是電子媒體於陳進興每次提訊出庭時的頻繁特寫鏡頭，恐有誤導無知幼稚的青少年，崇拜陳進興爲「了不得的英雄」，從而興起「大丈夫當若是」念頭之虞，嚴重混淆了社會的價值觀。

正當社會大眾引頸殷切期待「殺人償命、罪有應得」的報應結果時，法務部卻遲疑不執行槍決。吾人當可理解法務部之所以如此審慎延遲，深恐造成冤獄憾事。但就本案而言，已有三個死刑定讞之判決，所以絕無冤獄之事產生。尤其基於「遲來的正義不是眞正的正義」，社會正熱切注目的時刻不處理，何況依法可處理，等待大家都失望而淡忘之際再行處理，恐已失去「殺雞儆猴」的教化作用。搞不好，屆時還會出現反死刑人士以「剝奪掉另一條人命，並不能取代被殺害者」冠冕堂皇的高論，正可凸顯出「死刑存廢」本來就是兩極爭論的議題。但當爭論的議題產生時，正是考驗首長之智慧、魄力、正義的關鍵時刻，所謂「兩害相權取其輕」，豈能一味以「拖」字了結。

「勿枉勿縱」當然是司法追求的最高目標，但一個司法案件拖得太久，無形中已腐蝕司法正義的形象。例如蘇健和等三死囚的平反案，已拖延近六年之久，就被宣判者而言，隨時都可能「看不到明天陽光」的心理折磨，處在慌恐心境中而覺得「生不如死」。就家屬而言，懸而未決之心情沉重何人能了解，就更審之證據而言，證人及證物隨日久而模糊湮滅。因此如蘇案應速作一了斷，若屬冤獄就快還當事人清白公道，若有罪也該快速處決，以維護國家司法的公信力。試想在六年前轟動社會的蘇案，如今隨著延宕日久，在社會大眾的記憶早已模糊不清了，更談不上有什麼警世之教化作用了，也印證了西諺的說法：「在罪行當中保持沈默或冷漠者，是其共犯。」值得深思之。

近日天下雜誌公布民調，民眾最關心的仍是「社會治安」，因此，如何整頓治安，變成政府最急要的施政指標。依據現行司法體制係採三級三審，耗時費日，無法發揮時效性，加上社會秩序日益紊亂，訟源日多，法官辦案負擔奇重，為徹底改善治安計，司法當局若能使承辦重大刑案的法官，摒除其他案件專心全力審理此案，密集加速審判程序，儘速結案，當可收立竿見影之效。

（本文刊載於八十八年一月一日《民眾日報》）

目睹選舉怪現狀

中華民國第十任總統、副總統已經順利產生，大家都慶幸過程和平圓滿，沒有很大的瑕疵；外國媒體更是讚譽有加，皆稱台灣的民主日臻成熟，特別是政權得以和平轉移，使得台灣民主政治的機制，受到國際間相當的肯定。

在競選過程中，有些政治動作非常奇特，雖然「瑕不掩瑜」，但堪稱「政治奇觀」，爰舉數例如下：

一、自造民調

稍具民意測驗常識的人都知道，民調是可以設計的，從題目的誘導及目標的擬設都可以巧思獨運的。此次總統大選的民調五花八門，種類之多以及內容不同使人目不暇給。令人「霧煞煞」的是各種民調結果都不一樣，套句俗話說：「各擁一把號，各吹各的調」，事實證明，選舉的結果與民調的預期不一樣。

二、棄保效應

本來選舉是對候選人的肯定認同所作的正面選擇，卻變成了「最怕誰當選」而被迫作了第二人選的負面選擇，使得政治本是一種堂堂正正數人頭的制度，變成了政客掌握運作選舉策略的手段與權謀，此種「棄保政治學」，堪稱世界政治史上之一絕。

三、親友反目

民主政治之可愛在於人民能在自由意志的保障之下，自行選擇政治偏好；換言之，選舉時「各有所好，各扶其主」。此次總統選舉，因三強勢均力敵，選情緊綳，導致選民激情，演出夫妻因支持對象不同而互毆、自殺甚至離異，親友更因意識形態不同發生口角爭執而反目成仇更是屢見不鮮。更荒謬的是，哥哥探望弟弟住院病情，竟因支持對象不同，而毆打病床上的弟弟，而使病情加劇。激情的選民爲什麼學不會政客口中所言，「選舉是一時的，做人才是永遠的」呢？

四、病號出院

民主政治的特色是「票票同值」，由於三強對立，預估當選票數極爲接近，是故，在「多一票算一票」的催化下，使得原在醫院靜養休息的病患，有的不顧醫生有礙病情的勸阻，仍然被狂熱的親友推著輪椅爭取投票時間。在選民排長龍等待投票中，「讓給坐輪椅的人先投」的優惠下，急速投票後又被推回醫院繼續休養。

五、「主席下台」

宋楚瑜先生脫離國民黨，以超黨派獨立候選人的姿態參選，在國民黨眼中是「背離份子」，但憑其嵩高聲望以極小差額名落孫山。激情的忠實支持者，一時無法接受此一既定之殘酷事實，竟遷怒於國民黨主席。這一舉動大大違背了政治常識，蓋宋氏既被國民黨開除，已不具國民黨籍，又不是代表國民黨參選，李主席既不負輔選之責，何來要求「下台」，以負敗選之責呢？

六、棄黨落跑

民主政治又名政黨政治，總統候選人大都由政黨推出，競選期間退黨中外皆有前例，但像此次新黨不但找一位非黨員代表該黨參選總統，更令人匪夷所思的是，到選前一天，由新黨全委會召集人（形同主席）宣布退黨，並偕代表該黨候選人召開記者會公開呼籲「把選票集中投給宋楚瑜」而令人嘆爲觀止。

七、X皮X骨：

民主政治的可貴之處，在於結合支持理念相同的人，在自由的意志下做抉擇。但是我們發現這次的總統大選，卻發生了所謂X皮X骨的現象，換言之「人在曹營，心在漢」，這是一種非常不好的政治現象。對候選人如果不能光明正大的予以支持，要出現這種人格分裂的話，誠非政黨之福。

台灣實行民主政治的歷史淺短，能有如此的成績已算不錯。選舉之首要重過程，但願透過各種不同選舉的歷練與洗禮，能使民主政治更臻成熟優質。

（本文刊載於八十九年三月二十五日《民眾日報》）

公門好修行

經濟學家常以機會成本與經濟效益的觀點，提出一句警語：「錯誤的政策比貪污更可怕」，意謂不法官吏貪污橫行只是中飽私囊的金錢多寡而已，但假使訂定一個錯誤的政策，其負面影響的層面就很廣大，包括國家強弱、社會安定與人民福祉等。因此，一個負責任的政務官在政策形成過程中，不能不深思熟慮，絞盡腦汁作周延之決定；否則萬一政策窒礙難行或績效不彰，斷不是下台就可了事的，蓋所造成的損害已不可彌補或挽回矣。

政府係一個綜合體的組織，任何良政美法，端賴各級公務人員密切配合協力運作，政務始能順利推動，展現績效。俗云：「人在公門好修行」，從事公務的人，若能念茲在茲體恤俸祿來自人民的血汗納稅錢，所謂：「爾俸爾祿，民膏民脂，下民易虐，上天難欺。」所以在消極方面不犯法、不貪污、不浪費公帑；而在積極方面則須力求潔身自好、上進充實，以提高行政效率、簡化繁瑣手續給民眾辦事快捷方便的貼心服務，當可贏得便民稱讚口碑，樹立親民形象，如此一來，堪稱「積善之家慶有餘」而功德無量。

當下政府高唱「行政革新、政府再造」，以營造「小而能」、「小而美」的靈活新政府。誠然，一切的改革要從政治開始，而改革措施須由全體公務員有共識，全力以赴，始能事半功倍。以往公務員因過度保障，缺乏競爭，造成「多一事不如少一事」消極敷衍的心態。面對新世紀的來臨，但願從事公務的人能心存善念，諸事「勿以善小而不為」，戮力從公從大處著眼，小處著手，不但個人可締造功德、消除業障，兼可造福桑梓，何樂而不為？

（本文刊載於八十八年四月十五日《自立晚報》）

許信良的堅毅執著

台灣的政治何其熱，選舉何其多，雖然第十任的總統明年三月才選舉，但年前就已成爲媒體大幅報導的焦點，而且隨著選舉期漸近而不斷加溫。如今有意角逐大位浮上檯面者已有連戰、宋楚瑜、陳水扁、許信良等四人，但明白宣示參選態度及約略提出治國理念，諸如國家定位、兩岸關係及振興經濟政策者，僅許信良一人。

在台灣民主政治發展過程中，許信良扮演了重要的角色。二十二年前，他不滿未獲國民黨提名而毅然決然脫黨參選桃園縣長，獨自對抗組織龐大的國民黨，而高票當選桃園縣長，造成了轟動國內外的「中壢事件」。之後遭到停職處分、繼之流亡海外、闖關返台從事黨外運動，並歷任兩屆台灣最大在野黨——民進黨的黨主席。綜其經歷，對台灣民主運動的付出及貢獻不可謂不大。但如今，他雖有意一償夙願、盼一圓總統夢，但民調給終吊車尾，呈現百分之五上下的浮沈。準此以觀，當選的機率幾乎微乎其微，但他不在乎別人的冷嘲熱諷，他仍不改其志，不氣餒的大步邁步前進，就像他始終如一的完成七天晝夜的大甲媽祖遶境之行，他堅毅執著的硬頸精神令人敬佩。

細數當今政治人物有獨特風格者不多，許氏千山獨行的「苦行僧」人格特質值得稱道。台灣人民歷經無數次選舉的淬練，曾經被政治人物的甜言蜜語陶醉過，也被政客響亮的政見口號哄騙過，說不定，有朝一日選民覺醒過來，在一夕之間對許信良寄予無限的同情與痛惜而「眾志成城」。因此，誰敢斷定坐上總統寶座的不是許信良。

（本文刊載於八十八年五月七日《自由時報》）

大愛與小愛之間

——兼評援助科索伏事件

近幾天來，要說最受媒體青睞而競相報導的熱門話題，當非有關李總統宣布政府將提供三億美元援助科索伏難民一事莫屬。

對此，持肯定態度力表支持者，固然不乏其人；然而，人民頭家對於近一佰億台幣的捐款數字持有異議者，也不在少數。爲此，部分中央民代與之唱和，以致砲聲隆隆。諸如：「台灣新主張，撒錢眞大方」、「無毛雞，假大格」、「打腫臉充胖子」、「沽名釣譽」之類的話語，甚至直指李總統是爲了爭取個人諾貝爾和平獎，成爲國際偉人等情緒性的言論紛紛出籠。此時此刻，大家不妨先行冷靜下來，然後秉持寬闊的胸懷、遠大的視野與圓融的智慧去看待問題，也許會有另一番思維。

猶記得，第二次世界大戰後台灣光復之初，民生凋敝，百事待舉。及至政府播遷來台，隨後陸續規劃並執行六期的四年經濟建設計畫，在全民共同的努力下，創造了所謂「台灣奇蹟」的富庶景象。細查那段期間的各種正面影響因素，除接受各方的援助外，「美援」無疑占有最高的比重。當時很多人所穿的內衣褲，是用美援的麵粉袋做成，上頭猶印有「淨重二十公斤」的字樣，迄今令人還留有深刻印象。

俗云：「受人滴水之恩，自當湧泉相報。」國人在克勤克儉、力爭上游的過程中，曾受惠於人，乃斑斑可考的事實，如今，我們已然成長茁壯，面對亟待救援的難民，是否也該比照辦理，設身處地的大力施予援手？

當然，有人認爲，援外乃屬行有餘力之事，也就是須待全體國人皆已充分享有的情況下才適合從事。當下國內政府龐大負債赤字，還有相當比例的失業人口，也有不少的低收入戶，類此問題不先處理，就冒然將爲數近百億元的鈔票挹注到國外，委實可議，更何況，眞要援助的話，千萬美元意思一下也就夠了。這話乍聽之下，似乎不無道理；

但一經深入思考，此種見樹不見林的見解，值得斟酌商榷。

人盡皆知，「慈濟功德會」每年海外的濟助捐款數以百億，近如菲律賓、中國大陸，遠至非洲甘比亞，皆有不計其數的難民獲得照顧，同樣惹來「捨近求遠」之評。而證嚴法師則有一番發人深思的談話：當人有了賸餘才想助人，那是「施捨」而非功德義舉。至於援助海外之舉，實因許多地方的難民處境艱困的程度，甚於台灣的貧戶不知多少倍使然，基於人道的關懷及善男信女的慈悲，宜及時施予援手。簡單幾句話，卻已將大愛包羅其中。

事實上，對我們而言，錢根本不是問題。試想：國人每年吃掉一條高速公路，單單飲食方面就如此浪費，其他方面更不在話下。因此，只要杜絕浪費，將這些點點滴滴累積起來行善，豈非美事一樁？

況且古聖先賢早有明訓，如孔子提倡博愛，孟子強調惻隱之心，孫中山先生倡導濟弱扶傾，甚至以「世界大同」爲鵠的，不正爲我們指引出遵循的方向嗎？倘以一千萬元援助戰後重建的科索伏，無異杯水車薪，激不起漣漪。藉由近百億台幣的捐款，台灣既可發揚「人溺己溺，人飢己飢」的人道精神，善盡國際互助道義，又可拓展國際舞台，參與國際社會，提升國際地位，增廣生存發展空間，有何不好？再說，這筆用以幫助難民的巨大經費，不但分期給付，而且大多用於購買國內物資、藥物、糧食、補給品及安排職訓等，更可擴大內需，刺激國內經濟景氣，可謂一舉數得，既利人又利己。

總之，儘管此一事件的決策過程，有人說：事前未與各界充分溝通、作業不夠透明化而略有瑕疵；其實憑李總統經久淬練的政治智慧，那裡不知道決策形成過程。惟政治是微妙的，有時決策的著力點是要明快而及時的，深信從人道精神、國家利益，尤其是從大愛的宏觀格局出發；就了解李總統是經審愼評估才作出此一舉世矚目的重要決定。

（本文刊載於八十八年六月十六日《民眾日報》）

多一分打氣，少一分打擊

九月廿四日自立晚報第十版刊登郭正亮教授〈天災不可怕，人禍才可恨〉的文章，拜讀之餘，內心甚感納悶！素有「民進黨理論大師」美譽的郭教授，平時所發表的文章甚具文采，在談話節目中反應敏捷言之成理，在在令人折服。或因對郭教授有過度的期許，以致對他所發表的〈天災〉一文，感到極度的失望。

從郭教授的整篇文章來看，自始至終痛罵「政府無能」與「官員無心」，而無視於災難發生後不久，上自總統、副總統及行政院長等有關大小官員，夙夜匪懈的勘災救援，容或有改進之處，但任事的精神令人感佩。甚至行政院並迅速作出因應「九二一大地震」的救援措施，民間更是發揮同胞愛，有錢出錢，有力出力，全民賑災救濟，此一舉國上下所展現的互助活力，贏得了外國救援者的刮目相看。

猶憶月前台灣南部連遭水災之害，民進黨總統候選人陳水扁竟譏稱蕭揆所領導的「行動內閣」為「災難內閣」，這是一個極不公平又缺乏愛心的批評。天災誰都抗拒不了，誰又不想做好救災工作以著政績，全民橫遭天災之害，不但不加以憐憫並提出改進的具體建議，反而以調侃的心態諷刺，豈不是與全民為敵！一位尖酸苛薄缺乏包容心和慈悲心的政治人物，一旦身居高位，恐對人民的傷害會愈大。

吾人未得知郭教授對這次的大災難付出什麼心力，惟從字裡行間充滿消極性的批評及全盤否定政府及官員所作的努力，以及最後呼籲「台灣人民從此覺醒，明年要以神聖的選票，教訓教訓這些冷血顢頇的官僚！」至此，其用意甚明，原來滿篇風涼話，竟是行使「趁火打劫」的行徑。

俗話云：「往者已矣，來者猶可追。」基於救災行動的路程，還有一段遙遠的路要走。所以國人應該集思廣益，共同做好善後工作。職此，筆者認為應加強下列措施，俾彰顯其效果：

一、高層次的救災指揮中心應速進駐災區

萬事莫如救災急，唯有身處災區始能體會災民的迫切需要，感同身受，掌握情況，爭取時效，立即處理，才能收劍及履及之效。

二、統整各方救援行動

誠如南投縣長彭百顯先生公開喊話說：「民生物品大致充足，我們最缺乏的是資金。」依據媒體報導賑災物質堆積如山，甚至滿載救濟品的車隊綿延數里不得進入，因此，若能呼籲有愛心的同胞，提供特定迫切的物品（如帳篷、冰櫃及水等）及款項，才能切中需求。

三、設立臨時廣播電台

災民餘悸猶存，心神未定，又遭喪失親人及財物損失之痛，亟需撫慰，災區一片混亂又流言四起，災民不知所措，宜將政府因應災變的措施，讓災民通盤了解，恢復重建家園的信心。日本阪神大地震隔日發放每一災戶一具隨身聽，讓災民隨時收聽最新訊息安定民心，即是相當成功的例子，值得學習。

四、儘速成立有公信力的捐款監督團體

此次大災難展現全民捐輸的熱情，但捐款者大都存有疑問：「所捐的錢是否善加運用，使受災戶能實質受惠？」由於數目鉅大，亟需成立一個具有高度公信力的民間團體加以監督捐款之處理運作，俾取信於民，藉機發揮社教功能。

五、儘速公布重建計畫

救災係一階段性任務，不久就可告一段落，緊接而來，最重要的是重建。俗云：「打斷手骨，顛倒勇。」若能儘早有萬全周詳的重建計畫，災民才有心理準備，恢復家園指日可待。

「天地不仁，以萬物爲芻狗」，既遇災難，最需全民攜手共度難關，而非袖手旁觀，極盡批評之能事，此舉非但於事無補，徒增困擾，洩大家的氣，「棚頂做到流汗，棚跤嫌到流瀾（涎）」的心態最要不得。目前救災工作方興未艾，需要的是「多打氣，少打擊」，俾災難的損失降到最低，並讓災後重建的工作，有一個嶄新的面貌出現，我們期待浴火重生的鳳凰更美麗。

（本文刊載於八十八年九月二十八日《自立晚報》）

連戰的特質如嚼橄欖

民主政治的好處是人民在安全保障下，得以自由意志選擇自己的政治偏好。尤其是不論種族、性別甚至貧富，在行使投票參政時，票票等值，更凸顯出民主政治的特色。台灣社會熱衷於政治及選舉次數之多，是世界著名的。總統選舉早在二、三年前就已醞釀，如今已到了緊鑼密鼓倒數讀秒的階段。換言之，該是對候選人作最後檢視的時候了。

看完總統候選人的電視政見發表會，以及細察各種文宣資料，每位莫不勾勒出國政的美麗藍圖。其中，筆者認爲，連戰先生異於其他候選人的特質有以下幾點：

一、經濟力豐富

俗云「有錢不是罪惡」。在候選人中，以連戰先生最具經濟基礎。他可以不必舉債競選，選後更沒有「還不完」的人情債，就位後也不必汲汲爲構築經濟利益而費心思，可以專心一志的掌持國政。這也是爲什麼歐美民主先進國家，大都物色成功企業家從政的原因。

二、學經歷完整

擁有舉世聞名的美國芝加哥大學政治學博士，又擔任過台大政治系所主任，具備政治原理的深厚基礎。至於其從政過程，歷任外交部長、交通部長、省主席、行政院長乃至副總統，循序漸進，水到渠成。尤其是理論與實務結合，互爲印證，造就其學經歷豐富，在各候選人中無人能與倫比。

三、國際觀寬廣

歷任大使及外交部長，加上無數次代表政府出訪外國及接待外來國賓，使其得以拓展國際視野，培養宏偉的國際觀。國際化是將來全球一致追求的趨勢。國家必須仰賴一位具有宏偉國際觀的領導人執政，才能引領台灣邁向國際舞台。連戰先生得天獨厚的有很多國際事務接觸機會，使得其他候選人自嘆不如。

四、團隊已成形

推動政務須靠堅強的團隊，才能顯現行政效率，現有團隊雖不盡符人民的期望，但卻已具基礎，團隊中不乏優秀人才，這也是其他候選人一再宣示，若有機會當選仍須借重部分現有人才的理由。深信連戰先生當選後，勢須汰蕪存精，組成更棒的團隊，來協助其兌現莊嚴承諾的政見。

五、包容力展現

選情的緊繃帶來劇烈的競爭，對立的形勢撕裂了原有的和諧，不管誰當選，都得面對癒合因大選破裂的傷口，及清除選舉遺留下來的流毒。這一點，幾乎全民都認同連戰最有包容力，最能顯現「海納細川」的度量。唯有雍容大度的包容力，才能化解仇恨與怨懟，凝聚國家向心力，營造和諧社會。

有人批評連戰先生比較缺乏親和力，也許是以前「養尊處優」之環境使然，因此有人倡議「近距離看他」，就會覺得他是一位言談幽默、平易近人的朋友。幾個月以來，他深知自己的缺點，大大改變自己，在競選活動中賣力演出。也許有人譏稱是「爲了選票」，不管是否爲了選票，他能放低身段跟廣大民眾融合在一起，值得鼓勵。一旦當選了總統，大環境使他離不開民眾，那時候廣大民眾就會不覺然體驗到：「連戰這個人像橄欖，初看無味，但越嚼越有味。」

（本文刊載於八十九年三月九日《中央日報》）

値得尊崇的李主席

做爲一個近四十年黨齡的國民黨資深黨員，又是曾經全力爲連蕭輔選，眼看結果是國民黨遭遇滑鐵盧，心情難免異常落寞沈重。但是，基於民主政治就是政黨政治的體認，深知政黨面對各種選戰，勝敗乃民主之常規，於是心情漸趨平淡，坦然於胸。

唯一深感遺憾的是，儘管此次總統大選過程堪稱順利平和，甚至連外國媒體對台灣民主機制之日臻成熟亦讚譽有加，豈知選舉揭曉當天夜晚，媒體即報導宋張配的忠實支持者，一時無法接受宋張高票落選的既成事實，竟糾眾聚集國民黨中央黨部前，高喊：「李登輝下台！」怪哉！如此越俎代庖實爲一「撈過界」的怪異舉動。按，宋楚瑜先生已被國民黨開除，並以超黨派獨立候選人的身分參選，他的落選與李主席何干？怎能遷怒於李主席呢？此舉不但有悖常理，且適足以凸顯這些民眾缺乏民主素養。

政黨候選人參選失敗，黨魁引咎辭職也是中外政黨皆然。李主席之所以預備九月才辭卸主席之職，實非戀棧，而是基於新舊政權交替的關鍵時刻，爲避免青黃不接更爲確保國家的安全及維護人民利益，所作的權宜考量。及至盱衡全局，大致安定無虞，他就毅然交卸主席職務，以示負責並展現器度。

具有強烈使命感的李主席，在擔任黨主席的十二年期間，陸續推動國會全面改選、終止動員戡亂時期、廢除臨時條款，更進而逐步進行省市長及總統直接民選。在中國歷史上，首開元首直選之先例，此等民主改革的成就，贏得舉世推崇的「民主先生」、「台灣民主之父」的美譽。衡之其從事民主改革的豐碩成果，享有如此崇高的尊榮，誠然實至而名歸矣！

據報載，李主席將於總統卸任前，安排全省「走透透」的行程，以期向支持他的民眾、同志及黨友道謝辭別。此一舉止，充分顯露出李主席親民愛民及懷往念舊的人格特質。

之前，筆者有幸得有數次親睹風範的機會，尤其是承乏台南家專校務時渥蒙他老人家蒞校關心私校之發展情形，去年又蒙蒞臨高雄餐旅專校視察，並下榻於校內實習旅館，檢驗學生熱誠服務之成果，慈祥和藹，師生深深體會到這位大家長對教育的關心及愛護青年學生的剴切心意。其平民的作風及親切的態度，令人印象深刻之餘，不禁由衷敬佩之至。

李主席曾經說過，他平生的最大願望是透過民主的機制運作，和平轉移政權。如今，在依循民主的制度下，由多數的人民作決定，政權得以順利移轉，李主席「寧靜革命」的心願，已然在台灣生根。

（本文刊載於八十九年三月二十日《中央日報》）

饒得人處且饒人

——評立委圍剿教育部長

在媒體畫面上看到教育部長曾志朗手抱著頭的痛苦狀，心裡很難過。據報導，曾部長因「回扣說」，已向立委當面道歉八次，還未取得立委諸公的諒解，以致未能上台報告其教改政策。閱此報導，做為從事教育工作的一份子，對於立委諸公的盛勢凌人，頗不以為然。

猶憶新政府尚未成立之前，陳總統求才若渴，曾親自造訪時任陽明大學校長的曾志朗先生。猶豫不決的曾校長，幾度陷入深思，終於有感於陳總統的盛情而毅然出任教育部長一職，教育界深感得人。

曾部長乃世界知名的認知心理學權威，也是一位傑出的大學校長，對教改又信心滿滿。如今，懷抱著滿腔熱忱，期待獲得立委諸公的支持，展開其推動教改的系列措施，無奈卻遭遇立委諸公的意外圍攻，而不得上台暢敘教改理念，實現其心中理想，吾人深以為遺憾及惋惜。

據報載，立委王世勛曾在國會殿堂激動的說：「如果真的沒有回扣，我出去被車子撞死。」此語一出，正反映一般社會大眾對少數立委有「紅包〇仔」及「圓仔湯〇仔」的不良印象。

立委諸公之咄咄逼人，義憤填膺，也許可以證明這些正派立委的「心安理得」，所以「理直氣壯」，得理不饒人，其委屈心情應可理解。其實曾部長之回扣說，並未指出特定對象，也不代表所有的立委拿回扣，在「清者自清，濁者自濁」的界線下，大可坦然以對，了無牽掛。

當今之計，曾部長已坦然面對疏失，又由衷地表明絕無複雜的政治動機及特定的意圖。是故，殷切的寄望立委諸公就此息怒，得饒人處且饒人，趕快讓曾部長上台施政報告，並就其教改政策，予以針砭指正，使教改列車速速上道，始爲芸芸學子之福。

（本文刊載於八十九年六月十六日《民眾日報》）

鄉土篇

新稻草人組曲

昔日農民爲避免成熟的稻穗及穀物被鳥群啄食造成損害，就把稻草結紮成人形並給它穿上農夫舊衣、戴上斗笠，藉以驚嚇驅趕來襲的鳥類。精靈的鳥群起初對稻草人還有點膽怯，不敢太過接近；但日久之後了解它是無生命的東西，反而毫無畏懼的在它身上棲息，形成了在「太歲頭上動土」的奇異景象。

如今，隨著「三合一」選舉的結束，農民腦筋動得眞快，把選前五花八門插滿路頭街角供候選人用來宣傳造勢，選後被棄置滿地的旗子，蒐集起來轉插在田園上，以取代稻草人。放眼望去，但見隨風飄揚著各種訴求的「旗語」，如：國民黨的「公平正義新社會、安定繁榮好生活」、民進黨的「綠色執政、品質保證」、新黨的「捍衛中華民國」、建國黨的「立院多一席，台灣更保障」，以及綠黨的「與大自然和諧共存」等。這一幕，儼然黨派共治，聯合執政，人民福祉，遠景無限。在一片旗海中，代表農民出征的候選人揭櫫「爲農業生機立命、爲農民權益打拼」的旗號更是顯眼突出，而旗上有額繫白布條、手握拳頭的人像顯現出兇猛凜然氣象的旗幟，尤能獲得老經驗農民青睞，只因它對驚嚇鳥類應有一定程度的效果。

激烈的選戰已告落幕，難免是「幾家歡樂幾家愁」。但不管任何黨派及候選人的勝負輸贏，都抵不過「台灣第一」的目標。寄望信誓旦旦的當選人，獲得權力之後，不是用來炫耀民眾，更不是用來作爲利益勾結的籌碼或倖進仕途的墊腳石。畢竟，自許爲政治家抑或淪爲政客，其間實僅繫乎「良知」兩字。

（本文刊載於八十七年十二月十四日《自立晚報》）

田裡爬行的日子

光復不久的四十年代，那時台灣最主要的農作物是水稻，因此稻穀的收成也是農民最主要的收入。水稻從插秧到抽穗待割，要配合時節的歷經三次除草施肥的過程，因而種作幾乎同一時間進行，以致農忙時若要雇工除草，必須及早預約，否則，即使「有錢也雇沒工」。有時因雇工不易，又適值周日休假，於是家裏小孩也加入除草行列，臨時「濫竽充數」一番。

由於幼年失怙，所以家裡農耕工作皆由大哥作主分配，下田除草的分工是，雇來的除草工以五行爲範圍，剛好適合雙手左右除草的寬度。筆者當時年幼，手長僅及三行，開始進行除草時，起初還可趕上進度，但不習慣彎腰幹活的粗重工作，未久即須間歇佇立田中，挺直腰桿休息，引起雇來的阿姨、嬸嬸們常發出「捉秀才來挑擔子」的憐惜戲謔話語。有時她們更會仁慈地順便「越過邊界」代為除草，此一適時的救援舉措，對我而言，有如大旱遽逢甘霖，進度終能迎頭趕上，此刻心裡充滿溫馨喜悅。

求學期間，除草畢竟不是本行專業，在除草過程中除了去除地面雜草外，另一重要工作是拔除「稗仔草」。因稗草長得與稻葉相似，若非經驗豐富目力奇佳的人，難以分辨，因此，雖然完成除草工作，但認不出害草的稗，事後還得麻煩大哥檢視一番，使得工作效果大打折扣。眼看除草工作不上路，為求適才適用，就被分配去埋鍋造飯，準備午餐。

一般農民具有儉樸的美德，加上為避免樹木遮擋日照，影響作物生長，捨不得在田園角落種棵大樹乘涼，因此埋鍋煮飯必須在炎炎日頭下進行。又因無井水可取用，只好用流動的圳水洗米煮飯，圳水看來雖清澈無比，其實水質並非很好，有時還會看到水牛糞便或水蛭出現。煮好飯等大家工作告一段落，大夥兒就圍一圈共同享用，眼看個個吃得津津有味，覺得很有成就感。也虧「天公疼好人」，上天保庇，吃完後人人健康平安。

西諺云：「流汗播種的，必歡呼收割。」農民依時序選種、育苗、插秧、灌溉、除草及施肥等付出，及至開花抽穗形成黃澄澄飽滿的稻禾，人人開懷滿足的笑容遮掩了往日一連串的辛勞。但生活在都會城市中的優裕家庭，在享用豐潤米粒之時，「誰知盤中飧，粒粒皆辛苦」的，又有幾個呢？

（本文刊載於八十七年十二月二十九日《聯合報》）

割草飼牛與放牛吃草

約在四十年代，猶處於農業機械尚未發達的傳統農業社會裡，水牛是農耕的主要動力，而水牛的食物以草料爲主，有時輔以蔓藤類的地瓜葉或曬乾的地瓜簽。農忙時期，牛隻隨著主人「日出而作，日入而息」，從事深耕重犁的緊湊工作。爲使牛隻「吃飽才有夠力」，營養豐富的飼料是不可或缺的。

其時光復未久，適値復原階段，鄉下的學校無論是教室、教師或教材都亟待充實，上課情形呈現「有一天沒一天」的景況，因此在農忙時期，同學大多缺課在家幫忙「割草飼牛」。爲獲取充沛的草原，就得事先到處去覓尋，若發現有濃密的草叢可割，如獲至寶，隨即動手割取，頃刻之間將割下的青草捆綁成樁，就可滿擔挑回家中，供牛享用。有時爲確保草原不曝光，俾免他人爭著搶割，不免自私地視爲「最高機密」，絕不輕易讓它給曝光。等到發現大家都私自擁有「一片草原」後，於是將草原「禁地」公開，彼此分享。由於資源豐裕，而得以提早收割滿擔，如此便可就地堵住水溝，捉起泥鰍或田園間追逐嬉戲，眞是其樂也融融。

忙過了播種耕作，接下來就等待農作物的生長成熟。依著「春耕、夏耘、秋收、冬藏」的次序，在農作物收成後的農閒期間，因水牛的辛苦工作告一段落，又適遇甘蔗採收期，可以「蔗尾」取代草料供牛隻食用，也可用採收後的落花生葉莖及豆類枯莖替換，可謂食物供應無缺。但幹粗活慣了的牛隻，鎮日栓在牛舍會覺得混身不自在，爲保持牛隻的活力，每天都會牽出牛舍，既可讓牠往郊外透透氣，又可尋找草地餵飽牠，可謂「一舉兩得」。

每逢「放牛吃草」時，左鄰右舍充當牧童的小孩莫不將快樂寫在臉上。只因放眼空曠的田野上，可以放任牛隻在收割後的田園隨地覓食雜草，大夥兒就可以快樂地玩在一起。「騎馬相戰」是最常玩的嬉戲項目，焢窯燜地瓜也常舉行，個中樂趣橫生；但此刻最沒趣的事是，牛隻爲爭食而「相牴」，或不留意偷食鄰邊農夫剛下種的新作物，惹來一頓責罵，那眞是掃興不過。待夕陽即將西下之際，牛隻既已吃飽，牧童也玩膩了，遂各自牽著牛隻回家；遇有較馴服的牛隻，可以騎上牠，徐徐而行，扮演著「牛背牧童吹苗」瀟洒的角色，往往讓人投以羨慕的眼光，這在淳樸的鄉村道上，平添了一幅昇平歡樂的景象。

（本文刊載於八十七年十二月二十二日《自立晚報》）

滿口金牙的阿壽伯

台灣早期鄉村的少女每於出嫁前，總會在上排牙齒兩邊的角落鑲金鍍銀，俾在當新娘時，笑起來更嬌滴嫵媚，同時襯托頸項上的閃爍珠寶，更發揮了上下輝映、金光閃閃的效果。

新人訂婚時，講究體面的女方家長，除了訂婚戒指外，還會用黃金鐫刻一只四方形上面刻有新郎名字的印章戒指，送給新郎倌佩帶。新郎倌除了在婚宴中穿梭全場敬酒時，頻頻舉手刻意炫耀外，事後若遇到重要文件，需要蓋章時，如結婚證書、土地買賣契約等，就會從手指脫下金章捺印，以顯示其重要性，可見黃澄澄的黃金受到鄉下人所喜愛的程度。

猶記得過去鄰里中有位王福壽人氏，承襲農業社會「多子多孫多福氣」的觀念，總共育有七子二女，家裡雖擁有幾分薄田，但因食指浩繁，迫使夫妻兩人不得不替人幫閒以貼補家用。日子雖過得清苦，但夫妻患難相持，一家大小倒也和樂相處，所謂其樂也融融。

隨著時光流逝，兒女陸續長大成人。大兒子首先在台北謀得一份安定工作，後來兄弟姊妹也一個接一個到台北謀生，不出幾年，王福壽苦盡甘來，經濟大爲改善。在純樸的農村，大家很羨慕有兒女在外「很發展」，可以按時定期寄錢回家，俗話說：「有錢就是大爺」，地位往往跟著水漲船高，因此，村民暱稱王福壽爲「阿壽伯」。

阿壽伯好不容易熬出頭，一心想藉外在的東西來凸顯自己的富裕；就像現今社會，以開著名貴的汽車，擁有嗶嗶叫的大哥大，來彰顯自己的經濟地位。所以當時的阿壽伯想來想去，就決定將滿嘴牙齒全部鑲上黃金，唯有如此才夠體面，開口講話才有份量。

在外地發展的子女，爲報答父母親養育之恩，同時爲了讓老爸在鄉里中更有派頭更具份量，就特地幫老爸買了一只高級手錶及一頂進口呢帽，俾整裝齊備。據阿壽伯最知己的朋友透露；有一次阿壽伯去吃麵，雖然大熱天他仍戴著呢帽，進店後他就高舉呢帽，問小吃店老闆要掛放在何處，且指著手錶問店老闆麵要煮多久才可以吃，一副金牙齒也在言談中「展露無遺」。一連串的動作，無非是在藉機展現那個年代鄉村少見的高級手錶及呢帽。

阿壽伯閒來無事，最喜歡到廟口前的大榕樹下或店仔頭有眾人聚集的地方，每當有人誇讚他子女事業發展又孝順時，六十開外但身體健朗的阿壽伯，莫不高興的開懷大笑，此時滿口金牙就「看現現」，而顯得更閃亮發光。從阿壽伯原本爲養家活口，而每天奔波勞碌，到最後有閒錢裝了一嘴金牙齒，來炫耀鄉里，這樣的過程不就是台灣經濟發展的縮影嗎？

（本文刊載於八十八年一月二十二日《自立晚報》）

爬山的啓示

爬山需要有強韌的體力與耐力，才能到達預期攀爬的山頭；其過程正如人生各有生涯規劃，如沒有經過一番努力打拼與艱苦流汗，就達不到理想的目標。

初步爬山的人，莫不心理上有所負擔，前程茫然，目標模糊，除了呼朋引伴之外，需要跟隨有爬山經驗的人帶路，指點迷津。俟心理準備就緒，起個大早，帶齊裝備，集合好友同伴，三五成群出發。來到山前，「登高必自卑」，「萬丈高樓平地起」，一步一腳印，沿著山中小徑拾級而上，途中巧遇熟人或初識山友，開口問好招呼，互相加油打氣，格外溫馨。汗流浹背腳酸時，停下稍事休息，歇間，除了欣賞周邊的青蔥林相，也可深深吸納幾口清新的空氣，以擴大充滿肺活量。之外，在盤算到達顚峰的距離時，凝視前面的山稜，感覺呈現「直看成峰側成嶺」的景象。有時爬累了，正懊惱不該來此地，難免不經意而直嚷：「下次不來了」，但等到抵達目的地的那一刹那，那種征服自然卻又有「挑戰成功」的成就感，說不定從此與爬山締結良緣。

人生在世不能離群索居，但須有正確的奮鬥方向與良好的人際關係，才能活得愜意自在。人生的歷程宛如爬山的境界。爲了健康及豐富生活的情趣，在途中難免走走停停，但只要不氣餒，不挫折，邊爬邊欣賞周邊的美景，一步一腳印，終會抵達所懸的目標。觀諸山友的「先下後上」有序的現象，正如現實社會「聞道有先後，術業有專攻」先尊後卑的倫理情景。職是之故，爬山所得的啓示是，人生追求的目標，只要方向對了，開拔穩健平實的步伐，不管走快走慢，遙遠的路途，總是會走到目的地。當然有人說：「人生有如上下山，上山要卑躬屈膝（謙虛），下山要抬頭挺胸（尊嚴）」，則又是爬山的另一種啓示了。

（本文刊載於八十八年一月二十五日《自立晚報》）

手持大哥大的阿發哥

由於嘉南沿海地區農業的不景氣，導致鄉村人口的大量外流，尤以有志向外發展的青年，更是向都市集中。其中以台北地區最爲年輕人所嚮往，蓋因有親戚朋友已在台北工作而方便投靠，於是出外謀生的人便把台北作爲主要目標，村中的林永發就是其中的一個例子。

其實，一心嚮往台北，但卻無一定的就業方向，因爲本身並無特殊專長之故，林永發在賦閒一陣子之後，用心觀察周邊的商業環境，最後決定在永和市郊路邊經營海產攤。於是經過一番張羅便開始小本生意，因出身沿海，對海產烹調熟悉內行，招呼客人態度又親切，加上布袋鄉親的支持，每天特地從以盛產海鮮聞名的布袋港辦貨現日供應，遂以「生猛新鮮」作號召，腳踏實地的賣力經營，不出一年，生意興隆。爲擴大營業，就在附近租屋開張「阿發海產店」。由於已有著不錯的口碑，深受饗客青睞，因而大發利市，人氣匯集，生意鼎盛，生意愈做愈大，而賺了大錢。

鄉村子弟離開故鄉時都有一個慣例，就是先到村中大廟向王爺公頂禮膜拜，祈求在外平安，並許願若生意順利、事業發達必返鄉還願。林永發賺了錢之後，在「飲水思源」之思想下，不但捐鉅款給廟宇，每逢冬令救濟，還捐白米百石輸將村中孤苦人家。此種感恩圖報、不忘鄉土的精神，贏得村民的普遍敬重，也成爲有意出外謀求發展青年的崇拜偶像，無形中「阿發哥」的稱呼，傳遍鄉村各處角落。

阿發哥賺大錢之後，除了回饋桑梓之外，也學會裝扮自己。每次逢年過節衣錦返鄉時，除了開進口豪華名車之外，身上更是配帶時髦的呼叫器並手持大哥大，以凸顯其「有錢」的身分。有一次參加村中親戚喜宴，於新郎新娘穿梭全場敬酒時，依例大都由村中德高望重的長者或在外「有發展」的事業家陪伴，以撐隆重之場面。阿發哥獲邀陪伴新人敬酒，神情顯得喜出望外而特別意氣風發，此時但見「阿發哥」一邊陪著新郎新娘敬酒，一邊手持大哥大正在通話，一幅應接不暇的繁忙狀。「內行人看門道」，一看便知其中究竟，在莞爾之餘，深深了解「阿發哥」此一頻頻動作中所欲顯示的意義。

（本文刊載於八十八年二月二十八日《自立晚報》）

老同姒，好厝邊

傳統農業社會「安土重遷」的思想，向來深植在老一輩長者的心目中，於是自然而然深耕著敦親睦鄰的關係，長久以來，這種思想逐漸轉化為「遠親不如近鄰」的傳統美德。

台灣光復前後，嘉南沿海地區的鄉村，由於窮鄉僻壤，地瘠人貧，迫使有些年輕人出外謀生，爲了糊口，從事擔任小工、學徒的工作，有些想讀書的就在鄉下完成中小學教育，欲更上一層樓者，則至都市就讀大專院校。鄉下人的特質是勤勉上進及儉樸認份，憑著這種「刻苦耐勞」的可貴特質，造就了學徒變成老闆；學業有成，崢嶸出頭，擔任了政府機關或民間企業的重要職位。

「反哺回饋」是爲人子女的天性，更是一種高貴的情操，所以一旦名成利就、事業成功後，爲感念父母養育之恩與含辛茹苦，子女皆會想盡辦法迎接父母親到家裡奉養盡孝。爲人父母者，爲分享子女的成就，以及基於「養兒防老」的傳統觀念，大都會「順從」子女熱情的邀請，嚐試過著交通混亂、人群嘈雜、人情冷漠的另類都市叢林生活。

離開久居的家鄉來到都市，剛開始因新鮮又可享含飴弄孫之樂，還滿自在的；但日子一久，對爬樓梯或搭電梯這種迥異於鄉下的家居生活漸感不慣；其次子女平時又忙於工作無時間陪伴，孫輩們無法用母語交談，形同「雞同鴨講」；尤其左鄰右舍，彼此不認識，不相往來，沒有可供談心聊天的對象，阿嬤實在難以適應，日子當然無法過得開心。就這樣懷念起老家的自由自在，從容愜意的家園，許許多多熟悉的老面孔、老朋友、老同姒，每個人碰面時都有說不完的話，在這種鄉情呼喚下，終於興起「不如歸去」的念頭。阿嬤最後還是鼓起勇氣編個理由向孩子說「楊麗花歌仔戲在草地的電視也看得到，厝裡的雞仔、鳥仔，雖然有人飼，但是袂放心，特別是懷念往日天天見面的好厝邊、老人伴」。

念舊懷往是人之常情，尤其是比鄰而居，相扶相助的好厝邊。阿嬤雖是短暫的「離鄉背井」，一想起「黃昏的故鄉」老人伴種種歡聚的情景，「不如歸去」的情愫就傾瀉而出，這就難怪阿嬤那麼早就拎著包袱急著要回老家去。

（本文刊載於八十九年四月十七日《自立晚報》）

懷念那「寄放藥袋」的日子

台灣剛光復不久之際，嘉南沿海地區窮鄉僻壤的鄉村，因值戰亂後的復原階段，並沒有類似衛生所或保健站等醫療設施，更沒有私人診所之開設。村民生病時，因經濟不寬裕，交通又不方便，捨不得花錢去城市看醫生，總是在鄉村廟宇求神問卜，或依民俗療法抓些草藥煎煮服用；若未起色，須「入院」治療時，已是病情非常嚴重了。

為解決這種缺乏醫療設施的情形，精明的製藥商，就發明一種叫「寄放藥袋」的制度。其作法是藥袋裡裝有十幾種內服及外用的藥物，「出張員」約半個月挨家挨戶來盤點結帳一次，並汰舊換新。此一制度，對於醫療資源缺乏的地方，實乃一有效的補救措施。爲顧及不識字的村民，袋中的擦傷外用藥較易辨認，內服藥則以圖案來辨識：如退燒的藥包上繪著一個人躺在床上頭敷著一條毛巾；止腹痛糖漿則是身體彎腰用一手按著肚子；咳嗽則一人手握著拳頭近嘴狀；下痢藥則是一個人蹲著，肛門拉出東西；最令人印象深刻的是治哮喘藥，則用「一隻蝦、一隻龜及一把掃帚」作意象，簡單明瞭指出「蝦龜掃」的特效藥。

寄放藥袋中有一小罐是治肚子痛的「止痛糖漿」。小孩有時想吃那一小瓶糖漿，就假裝肚子痛，媽媽還問：「是不是很痛？」意謂非屬必要，則免吃，經濟的拮据可見一斑。那個時代，很少有小孩子能吃得起零食，家庭小康的小孩買一支「枝仔冰」能讓你舔一口，就算是難得一求的了。窮苦的小孩嘴饞時，就偷取藥袋中的止痛糖漿吃，被母親發覺時，就要追逐一番即時取回。有時小孩動作快，喝完了糖漿，難免挨一頓責罵或鞭打，現在想起來，雖令人莞薾，卻也帶來一陣心酸。

俗云：「禍福相倚。」在過去那物質缺乏的貧窮歲月裡，雖然小孩沒有什麼零食可供享受，可是卻能刻苦耐勞，身強力壯；對照時下的小孩，雖然有吃不完的養樂多、果凍及各種冰淇淋等零食（另稱垃圾食物），卻造成了肥胖兒童處處可見的不健康現象，同時生病時又有健保制度之保障，與過去的時代眞有天壤之別。撫今追昔，吾人實應珍惜現在所擁有的一切，如此個人或社會才能達到永續經營的目標。

（本文刊載於八十九年五月十五日《自立晚報》）

婚宴上的「四句聯仔」

在台灣的喜慶宴會，主婚人爲了分享親友喜悅，莫不設法舖張排場一番，尤其是以能邀請地方首長、民意代表及上司長官等，爲新人說幾句祝福的語辭爲榮，藉此炫耀主婚人的人際關係，另可凸顯其社會地位。應邀上台致賀詞者，不外乎「郎才女貌」、「天作之合」及「早生貴子」等俗套，但也會有令人印象深刻者，有一次前高雄市長吳敦義竟以李總統的大陸政策「戒急用忍」來勉勵新人。他詮釋說；婚前「戒急」是不急躁，精挑細選才能「慢工出細活」；而婚後「用忍」是要以忍讓、容忍及互信來經營婚姻，創造幸福家庭。由於他引喻適當，饒富寓意，語調詼諧而贏得滿堂彩。

但在婚宴台上最能掀起熱鬧高潮的是——「婆仔」（台灣禮俗，新娘出嫁，恐因不諳禮節而貽笑大方，故常延請一位有經驗的專業女士指導）的純熟「四句聯仔」。一開腔就說「手牽手，天長地久」、「喙拄喙，萬年富貴」、「新娘娶入來，添丁佮發財」、「新娘面圓圓，富貴萬萬年」、「新娘徛正正，會得公婆疼」，親朋戚友一陣熱烈掌聲呼應。繼之，婆仔越說越順口又說：「桌頂好料食乎完，新娘生囝中狀元」，婆仔隨即牽引新娘要入洞房時又說：「新娘囝婿入房內，生囝生孫進秀才」。筵席即將結束之最後一道菜是甜湯，婆仔回過頭來說上一句「貴客食乎喙甜甜，新娘就快生後生」，賀客此時此刻已酒足飯飽，情緒高昂，婆仔此語一出將喜宴帶上高潮而圓滿結束。

台灣話是一種相當優美的語言，不但有八聲七調的音樂性，又有雙聲道的「文白音」，尤其句子的「押韻」俗稱「鬥句」，更是引人入勝。俗話說所謂「說的比唱的好聽」正是指台語的特色。正值下學年度國小正式實施鄉土語言教學，吾人相信這對優美的母語，如四句聯仔等，才能傳承下去，如此所謂「台灣心，鄉土情」才能眞正的落實。

（本文刊載於八十九年六月十日《自立晚報》）

故鄉水，鄉中人

「舉頭望明月，低頭思故鄉」是多數出外謀生的異鄉人共同回憶。

筆者的故鄉名曰「過溝」，是因早期居民須隻身涉水撩過一條大溝才能抵達村莊而得名。聚落數百戶，村民生性勤勞樸實，與世無爭，尤以「守望相助，患難扶持」更成爲休戚相關的社區生命共同體。對於尊賢敬老的倫理精神發揮得淋漓盡致，如家有娶媳嫁女的喜事，三、五天前就用牛車（五十年前的鄉村沒有汽車、三輪車，也沒有機車，只有腳踏車及牛車）把遠地的舅父、舅媽、姑母、姑婆等長輩載來。牛車上放置棉被以免顛簸之苦，另可作留客期間覆身禦寒之用。

為配合冬季寒冷氣候，牛車須於黃昏前抵家。喜日前夕還安排較「好命」的長輩住宿新居，象徵「天長地久」。喜事辦完，長輩欲離去，就挽留遠親長輩到吃完「菜底」（喜筵剩下的菜餚混合重煮之謂）才肯罷手。此一重視親情敬老的倫理情操，可說是人間至情至性的表現。

村中居民絕大多數務農，每日過著「日出而作，日入而息」的規律莊稼生活。每於黃昏時刻就聚集廟庭廣場，除了交換農耕知識技術及分享心得成果外，因耕作受氣候變化影響甚大，看到烏雲密布心裡就起伏不定，看到「烏雲撥落海，棕簑覆狗屎」，意謂雨不下了，用不著穿棕鬚所作的禦雨工具，心情就開朗無憂；當看到「烏雲遷入山，棕簑拿來痳（穿）」，意謂山區有雨，擔心有礙耕作田禾；而於黃昏過後，月亮出現時，若「月圍圈，會曬脯」，意謂會有一段時間乾旱，影響作物成長。總之，農民是靠天吃飯，所以時時祈禱「天公疼憨人」，普降甘霖，好使農民豐收有飯吃。

窮鄉僻壤的早期嘉南沿海農村，由於地瘠人貧，就必須出外謀生。如今大都在都會定居衍生，面對著公寓大廈的都市叢林裡，鄰居的不相往來及人情淡薄，使得離鄉背井的遊子難免興起「黃昏的故鄉不時的叫我」的思鄉情懷。

（本文刊載於八十九年七月二十五日《自立晚報》）

耕讀集

作　　者／李福登
出 版 者／生智文化事業有限公司
發 行 人／林新倫
執行編輯／胡琡珮
登 記 證／局版北市業字第 677 號
地　　址／台北市新生南路三段 88 號 5 樓之 6
電　　話／(02)2366-0309　2366-0313
傳　　眞／(02)2366-0310
E - mail ／tn605547@ms6.tisnet.net.tw
郵政劃撥／1453497-6
户　　名／揚智文化事業股份有限公司
印　　刷／科樂印刷事業股份有限公司
法律顧問／北辰著作權事務所　蕭雄淋律師
ISBN ／957-818-262-7
初版一刷／2001 年 4 月
定　　價／新臺幣 200 元

總 經 銷／揚智文化事業股份有限公司
地　　址／台北市新生南路三段 88 號 5 樓之 6
電　　話／(02)2366-0309　2366-0313
傳　　真／(02)2366-0310

國家圖書館出版品預行編目資料

耕讀集／李福登作. --初版. --臺北市：生
智，2001〔民90〕
面：　公分

ISBN　957-818-262-7 (平裝)

1.論叢與雜著

078　　　　　　　　90003059